钟灵毓秀的湖南
浪漫飘逸的楚文化
几千年历史长河留下的遗物、遗迹
是先人们创造物质文化、精神文化的
历史见证

主编〇周 湘

Meili Xiaoxiang
Wenwujuan

美丽潇湘

文物卷

CTS 湖南人民出版社

《美丽潇湘·文物卷》编委会

许又声

　　"秋风万里芙蓉国"，"不到潇湘岂有诗"：古人的这些诗句，无不抒发着对湖南的陶醉与赞美。张家界的奇秀、洞庭湖的渺远、洪江城的古韵、长沙的娱乐之都、凤凰的边城之美、韶山的伟人之风……也都早已闻名中外。而在日常生活中，品着湘茶湘菜，把玩湘瓷湘绣，听着湘音湘韵，融入湘土湘风之中，实在是一件赏心乐事。

　　湖南的山水风物，除了美之外，还有一个特点，就是处处有来历、有故事，反映出深厚的历史底蕴和丰富的文化积淀。的确，12000多年的稻作史（道县玉蟾岩），6000多年的城郭史（澧县城头山），2000多年的郡县史，1000多年的湖湘学派史，让人由衷感叹这里"文源深、文脉广、文气足"。一首名为《潇湘神韵》的歌里唱道：

不唱那神农氏拓荒潇湘播五谷，

不唱那轩辕氏环绕洞庭种桑麻。

尧舜禹、夏商周，都在湖南地底下，

秦唐宋、元明清，载满了湖南的诗书画。

忘不了屈子大夫汨罗问天天不语，

忘不了贾生太傅长沙思过笔生花。

马王堆，堆不下湖南的传说和神话，

走马楼，走不尽湖南的千军和万马。

……

得天独厚的山水优势，穿越古今的历史文脉，多姿多彩的民俗风情，给做好湖南的对外宣传工作提供了丰富的资源。习近平总书记要求我们"着力推进国际传播能力建设，创新对外宣传方式……讲好中国故事，传播好中国声音，增强在国际上的话语权"。在国家整体外宣战略指导下，我们要做的是全力讲好湖南故事，传播好湖南声音。为此，我希望湖南宣传文化系统的每一位从业人员，都能成为湖南的文化代言人和形象"推销员"。大家同唱一首歌，同演一台戏，合力把湖南推向全国、推向世界。

在全球化和新媒体时代，做好外宣工作，比拼的不只是硬件，还有软件；不只是资源，还有创意。中国开展对外宣传这么多年，已走过了简单地印小册子、发宣传单的阶段，进入了电视、网络、图书、报纸全媒体营销的阶段，实现了从画册宣传、旅游推介到文化推广、价值传播的蝶变。正是在这一背景下，2013年以来，湖南省委外宣办策划推出了一系列外宣产品，包括电视纪录片《湘当韵味》《楚风湘韵》，电视专栏《世界看湖南》，电视专题片《湘江》《洞庭》，形象宣传片《中国湖南》以及系列图书《美丽潇湘》。这是一套外宣组合拳。我们希望这一组合拳的出击，能让更多的人感受到湖南的魅力。

目前，《美丽潇湘》系列图书已出版了《山水卷》《古韵卷》，《文物卷》也即将付梓。通览各卷，皆设计雅致、印装精美，单篇简约而整体洋洋大观，资料丰富而文字晓畅可读，可谓是展现湖南魅力的一个个美丽窗口，也是益智养心休闲的极好读物。我期待后续卷帙的出版，也希望广大读者喜欢。

是为序。

（作者系中共湖南省委常委、宣传部部长）

CONTENTS **目录**

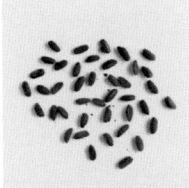
MINGSHANPIAN

商周篇

三国魏晋南北朝至隋唐篇

宋元篇

明清篇

长沙马王堆 1 号汉墓墓坑

一部湖南实证史

天然宜居：多民族融合之湖南

　　湖南因位于洞庭湖之南而名，省内最大的河流湘江及其上游潇水由南向北贯穿而过，注入洞庭，又俗称潇湘。湖南地形复杂，三面环山，北饮洞庭。气候温暖潮湿，地形地貌复杂多变，山灵水秀，植被、动物、鱼类资源丰富，自古以来就是"鱼米之乡"，为人类的生存和繁衍提供了良好条件，是天然的"宜居"之地，也赋予了这里的人们灵巧与颖慧。

　　两千多年前，司马迁就曾说过，这里"地广人稀，饭稻羹鱼，或火耕而水耨，果隋嬴蛤，不待贾而足，地势饶食，无饥馑之患"。据考古发现，距今约五十万年前，湖南地区已有人类活动，在津市虎爪山遗址发现了迄今湖南最早的旧石器时代遗址，1988 年发掘时出土了 29 件石制品，同时期人类遗址还有石门狮子岭、甘湾等。

　　有文献记载，湖南古为三苗之地，后演变为蛮、越等人的居住地，殷人南迁、楚人南移以及秦汉以后每逢中原内战或北方游牧民族南下，都有大量人口迁入，"楚地不知秦地乱，南人空怪北人多"。不断南迁的居民与原住民混居、融合，共同创造湖南历史。明清之际，湖南本地人口大量外迁到四川、贵州等地，江西又有大量人口填充进来，故有"江西填湖广"之说。各地居民在山高水险的阻隔下，各种文化在交融中又相对保存其原生态，形成了今天湖南"民族大家庭"格局。

宁远九嶷山舜帝庙遗址

稻作之乡：中华文明发祥地之湖南

随着考古工作的不断发展，湖南的远古历史传说与考古材料越来越吻合。英雄时代，湖南为炎帝祝融氏部落所在。炎帝神农氏作耒、尝百草，嘉禾县得名，祝融峰、炎帝陵等神话传说及其遗迹，都借英雄人物对农业的巨大贡献反映了早期农业的进步，都得到近年考古的证实。距今约 18000～14000 年的道县玉蟾岩遗址，出土了国内最早的陶器和经过人类干预的水稻。随后，距今约 9000 年的澧县彭头山遗址发现大量掺杂在陶片里的稻壳，距今约 8000 年的澧县八十垱遗址出土了近万粒炭化稻谷，距今约 6500 年的澧县城头山遗址发现了世界最早的水稻田，距今约 4000 年的澧县鸡叫城遗址，发现了大量炭化谷糠和完整的灌溉系统。这些考古成果为湖南乃至中国水稻起源、发展提供了清晰的谱系。联想到当代湖南杂交水稻，可见湖南自古以来就是"稻作之乡"。

稻作灌溉、水患的防御都需人类大规模的协作，催生出成熟的社会组织。6000 多年前，湖南出现了中国最早的古城——澧县城头山，标志着湖南社会已进入新的发展时期。这些发现，让人们对于环洞庭湖特别是澧阳平原早期文明有了新的认识，说明炎帝部落所在的南方地区与黄帝部落所在的中原地区一样，同是中华文明的发祥地之一。南方之多"舜迹"，湖南省最为集中。《史记·五帝本纪》说舜"践帝位三十九年，南巡狩，崩于苍梧之野，葬于江南九嶷，是为零陵"，长沙马王堆汉墓出土的《长沙国南部地形图》在九嶷山附近便注明舜庙所在，《水经注·湘水注》也有同样记载。考古学者根据地形图所示，在九嶷山找到舜庙遗址。现岳阳君山还有舜帝娥皇、女英二妃墓。岳麓山至今有禹碑、禹迹蹊等胜迹，印证着大禹用石碑将兴风作浪的孽龙镇于岳麓山下的神话。

礼乐方国：东周时代仿玉之湖南

进入青铜时代后，湖南地区也为方国所在。殷人南迁，将中原地区的青铜器带入湖南，也带来中原的礼乐文明，南渐后又呈现出浓郁的地方特色。湖南青铜祭器造型精美，多以一种动物或多种动物组合为形，如猪尊、象尊、牛尊、四羊尊、双羊尊、虎食人卣等。以数量众多、体型厚重的铙为代表的青铜乐器，是湖南礼乐的另一特色，祭祀时敲击开口向上的铙，声音更为洪亮、悠扬，通达上天。这些礼乐器的使用者，便是以宁乡黄材炭河里为都邑的一方国。2004年的发掘中，发现大型宫殿遗址6座，现已发掘4座，出土了商周时期近400件青铜器及大量陶器、玉器和贵族墓葬。

东周时，湖南隶属南楚，虽是楚边陲之地，但被历史尘埃掩埋的楚文化正是从长沙楚墓掀开的，这里出土了世上最早的缯书与帛画，众

青铜象尊
商（前1600—前1046年），通高22.8厘米、长26.5厘米，1975年醴陵仙霞狮形山出土，湖南省博物馆藏。

多的楚墓出土大量铜器、漆木器、丝织品，见证了楚文化曾经有过的辉煌。在"以玉比德"君子风的倡导下，佩玉成风，不产玉的湖南地区，君子"玉德"之风却颇为浓郁，人们制成仿玉的玻璃佩且佩不离身，在中下层平民的墓葬中即有玻璃器出土，长沙成为当时的玻璃制造中心。

秦风汉韵：行政地理雏形初具之湖南

里耶古城址的发现证明了秦朝对湖南地区的有效统治，"车同轨，书同文"，朝廷各项政策能令到行止，地方断事皆依秦律。联想到宋以后朝廷在湘西地区实行的土司制，可知随着都城的东北移向，朝廷对湘西的统治似乎逐渐弱化。一号井中三万多枚秦简的出土，不仅可补正史书对秦朝的记载之不足，更是改写了湖南这段历史，如《史记》载秦三十六郡中并无迁陵、洞庭二郡，而简中却反复出现此二郡。

1972 年至 1974 年，"文化大革命"正如火如荼，发掘的西汉长沙马王堆三座汉墓，不仅扭转了全国文博事业快要窒息的局面，使各地下放到地方的文博考古专家回到本行，停办的文博界三大专业刊物得以复刊，更重要的是三座墓出土了三千多件珍贵文物，至今仍是衡量汉初社会发展的标杆。众多鲜艳精美的丝织品是我国被西方誉为"丝国"的见证；700 余件光亮如新的漆器使一些史学者重提"漆器时代"；数十种帛书、帛画是战国百家争鸣、文化繁荣后，再经"焚书坑儒"的劫后余生，也可看到汉初统治者信奉的黄老之学的原真版。长沙国的分封，便是后世湖南行政区划的地理雏形，诸多长沙国诸侯王室墓的发掘，证实了长沙国的真实形态。东汉流行的低温釉陶房屋居住模型、陶灶、陶井、厕所与猪圈相连的溷、鸡羊狗圈等，是当时人们生活方式的真实写照。

沟通内外：海上瓷路开拓者之湖南

魏晋南北朝被称为黑暗时代，战争不断，政权频繁更迭，经济发展萎缩，考古资料却证明了历史的另一面。北方动乱、五族内迁，使中原人口大量南移，加强了南北文化的交流与融合，也加强了湖南山区、湖区的开发。永宁二年墓等出土众多的俑，再现了当时的风土人情。众多骑马俑和在这里发现的国内最早的单马蹬，说明了中原马文化的南传；持兵器的农装俑是部曲制的反映。此时，湖南经济有较快发展，青瓷日渐取代陶器、漆器成为人们的饮食用器。

青瓷伎乐女俑
唐（618—907 年），高 16.2 ～ 19 厘米，长沙咸嘉湖唐墓出土，湖南省博物馆藏。

　　唐代是中国历史上高度繁荣的时期，湘阴窑大量的胡人俑，可见深处内陆且非政治中心的湖南对外交流的频繁。安史之乱后，长沙成为朝廷的粮仓。《旧唐书·刘晏传》记载了"潭、衡、桂阳必多积谷，关辅汲汲，只缘兵粮"。由于朝廷对湖南粮食的依赖，湖南地位日显。唐广德二年（764 年），朝廷将其从江南西道划出，置湖南都团练守捉观察处置使，这是史上第一次以"湖南"为名的地方衙署，多处"官"款白瓷的发现，可见朝廷对掌管"粮仓"的湖南官员的笼络。唐中晚期，长沙窑异军突起，产品不仅畅销国内大半地区，也远销世界各地，唐朝影响所及都可寻到长沙窑瓷的芳踪。1998 年至 2000 年，在印尼勿里洞岛海域附近打捞的黑石号沉船，出水长沙窑瓷器达 57000 余件，足以证明长沙窑是海上瓷器之路的开拓者之一。船上打捞的一件瓷碗上，以褐彩书广告语"湖南道草市石渚孟子有明（名）樊家记"，这是最早反映"湖南"地方机构的物证。长沙窑生产的大量茶具，不仅说明唐代湖南地区饮茶风行，而且也是由煮茶到点茶的先行地。瓷上的题诗、人生箴言、各类题材的绘画，不仅开书法、绘画饰瓷之先河，也是唐朝诗的时代的见证。

经国救世：文化艺术多重奏之湖南

宋元明清几代，湖南农业长足发展，随着水利的兴修、耕作技术的进步，逐渐成为天下粮仓，"湖广熟，天下足"谚语不胫而走。人们聚族而居，在宗族的倡导下，耕读之风日盛，书院文化渐渐兴盛。屈原的忧民爱国、贾谊的治国方略，在湖南撒下的忧民种子，经由理学的沉淀提炼，在宋代变为文人"先天下之忧而忧，后天下之乐而乐"的使命感，经书院文化的推广，成为士、文人的共识。这种共识在近代民族危机的冲击下，"忧乐"使命感与蛮族血性交融、碰撞，出现了人才井喷现象，涌现出诸多经国救世的伟才。"清季以来，湖南人才辈出，功业之盛，举世无出其右。"这些立志救国济民的伟人，其故居、墓葬、遗物、手札都是其思想、伟绩的见证，睹物如见人，从中仍可领略其风采。

钟灵毓秀的湖南，浪漫飘逸的楚文化，也激活了人们的艺术天赋。屈原的楚辞、以其姓命名的欧阳询的"欧体"、怀素的狂草以及清代何绍基书法、现代齐白石绘画，都是湖南艺术成就的冰山一角。从他们的作品以及墨池、墓塔、洗笔池、故居等遗迹，不仅可欣赏到他们的艺术成就，也可感悟到攀登艺术高峰所付出的艰辛。

湖南几千年历史长河留下的遗物、遗迹，是先人们创造物质文化、精神文化的历史见证，我们今天看到的，不只是其简单的外形外貌，其背后都隐藏着一个个生动的、惊心动魄的历史故事，串联起来便是一部意义深邃的湖南实证史。

史前篇

本书文物分布示意图

（史前篇）

澧县城头山古城遗址
石门 虎形五保
晚期智人化石 津市市硼石三普火类状路
龙山县 桑植县 石门 安乡县
慈利县 临澧县 华容县
张家界市 常德市 岳阳市
永顺县 桃源县 汉寿县 沅江市 汨罗县 平江县
保靖县 古丈县 桃江县 益阳市 湘阴县
花垣县 安化县 宁乡县 望城县 长沙县 浏阳市
吉首市 沅陵县 韶山市 长沙市
凤凰县 辰溪县 湘潭市
溆浦县 新化县 娄底市 湘乡市 湘潭县 株洲市
麻阳苗族自治县 冷水江市 涟源市 双峰县 株洲县 醴陵市
怀化市 芷江侗族自治县 新邵县 邵东县 衡阳县 衡东县
新晃侗族自治县 中方县 洪江市 洞口县 隆回县 衡阳市 攸县
会同县 邵阳市 衡阳市 茶陵县
靖州苗族侗族自治县 绥宁县 武冈市 邵阳县 祁东县 安仁县 炎陵县
通道侗族自治县 城步苗族自治县 新宁县 东安县 祁阳县 常宁市 耒阳市 永兴县 资兴市 桂东县
永州市 双牌县 新田县 桂阳县 郴州市
道县玉蟾岩遗址出土的 宜章县 汝城县
陶釜 江永县 蓝山县 临武县
江华瑶族自治县

旧石器的血腥味

——湖南境内发现的最早旧石器

50万年前，一群毛茸茸的男人和女人，忙碌在临近洞庭湖边缘的密林里、荒野上，从事着属于他们非常有限的智力范围内的生存劳作。

在平原或者山坡上，他们用手中石头锋利的一侧，切割、砍砸着各种植物和坚果，或者用石头尖锐的那一头，撬挖着某种植物的根茎。在小河或者小溪里，他们用手里被打砸得有棱有角的石头捕鱼。在一片丛林里或者河道上，他们举着手中各种不同形状的石头追逐野兽。生存是艰难的，他们从大地的皮肤和肌肉里挖出了大大小小的根果，也许会让他们中的某些人付出生命的代价，然而，这是人类积累生存经验、发展壮大必须付出的代价。搏斗是残酷的，尤其是还不具备超越野兽本性力量的原始

砾石三棱大尖状器

旧石器时代（距今约50万年），长21厘米、宽12厘米，器体浑厚硕大，加工方法为锤击法，基本上为单面加工，是用以挖掘根茎类植物的工具，1988年津市虎爪山址出土，湖南省文物考古研究所藏。

石刀

旧石器时代—新石器时代（距今约 18000～14000 年），长 14 厘米、宽 5.5 厘米，1995 年道县玉蟾岩遗址出土，湖南省文物考古研究所藏。

人，仅仅靠手中的石头与野兽搏斗，死亡者未必就都是野兽，但生存却从没让他们放弃这种搏斗。

50 万 年 后 的 1988 年，湖南省考古工作者发掘了常德津市虎爪山遗址，在这里发现了距今约 50 万年的砍砸器、刮削器、石珠、石核、石片等湖南境内最为原始的打制石器。使用这种原始的打制石器的时代，就是旧石器时代。在那个遥远而特殊的岁月，人类用石头这种古老的物质，给人类的缘起和延续留下了一道深不可测的刻痕。

津市虎爪山遗址发掘现场

　　这个时期，虎爪山人尝试着走出山洞，游荡于河流边的台地或荒郊旷野，用石头打制的工具从事狩猎、砍伐或加工活动。他们的社会组织被称为"游团"，虽然没有固定居所，但平原附近的天然洞穴，却能让他们熬过漫长而寒冷的冬季，迎来一个个花开花谢的流年。在这种狩猎、砍伐或加工的生存自觉行为中，一种最简单的社会经济形态就像洞庭湖里的游鱼一样浮出水面，如真似幻。

　　随着生存经验的积累，他们在经意和不经意中有了更多的发现，学会了选择河床砾石来制作适用的工具。他们对那些美轮美奂的石头给予一次次具有生命本质意义的破坏和肢解，将其变成一道道利器。石器形式逐步由不固定的进步为固定的进步，由不整齐的进步为整齐的进步，由非对称的进步为对称的进步，在实用的基础上开始赋予某种形式的美感。这种石器的变化，让我们看到了一个古人类群落内心的绽放。

"石门人"的背影

——湖南最早的人类化石：晚期智人牙齿化石

　　澧水的不息流淌，依然没有流走时光对岸的那一群背影。那个沉寂了一万多年的燕尔洞里曾经的喧闹和叫喊，还在澧水的上空回荡。

　　现实中的燕儿洞，地处湘西北武陵山区的石门县皂市镇凤堡岭西山角，也许当地百姓根本就没听说过。他们最在意最上心的，是自己的祖祖辈辈生活过的这片土地在不经意之中带给他们怎样的惊喜和遗憾。至于这个临近澧水的古洞穴，与他们具有怎样千丝万缕的联系，他们不知道也不曾关心，然而岁月不曾忘记。

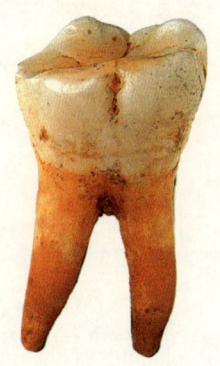

晚期智人牙齿化石

旧石器时代（距今约30000～20000年），长2厘米、宽1厘米，1992—1993年石门燕儿洞遗址出土，是目前湖南境内发现的最早的古人类化石，湖南省文物考古研究所藏。

　　石门是个到处能看见参天古树的大山区，这里有密密麻麻的丛林，有鬼斧神工的山崖，有山环水绕的乡村。1982年，石门县皂市镇凤堡岭西山角燕尔洞古洞穴的惊世发现，就像黑暗中的一道闪电，向幽深的历史刺去，照亮了我们远古祖

东方剑齿象化石

旧石器时代（距今约 30000～20000 年），长 13 厘米、宽 5 厘米，1992—1993 年石门燕儿洞遗址出土，湖南省文物考古研究所藏。

先留下的模糊脚印。虽然当年没有对这个古洞穴进行发掘，但它的发现，却给了后人一个有关我们远古祖先的重要线索。

果然，在 1986 年全省文物普查时，考古人员在燕儿洞洞穴中采集到几件动物化石。

几年以后，1992—1993 年，经过连续两年的发掘，在石门县燕儿洞遗址又出土了一段古人类左腿股骨、一块下颌骨和三颗完整的牙齿。与这些古人类化石一同出土的，还有猕猴、豪猪、竹鼠、虎、豹、獾、中国犀、华南巨貘、东方剑齿象等数十种动物化石以及燧石刮削器、骨锥、骨制器柄等器物，动物骨骼化石上还有被火烧过的痕迹。这些发现说明，燕儿洞也许是当时古人类一个相对固定的聚集场所，一个古人类最早的家园。

于是，古石门人曾经生活过的场景和细节，都随着燕儿洞的惊世发现而被激活。

几万年以前，燕儿洞附近的原始密林里，有缓步行走的象群，有机灵飞奔的鼠、兔、獐、麂，有迟钝的山羊，有笨拙的犀牛，有横冲直撞的野猪，有攀枝跳跃的猿猴，还有相互追逐，相互撕咬，相互争霸的虎豹豺狼和棕熊，更有此起彼伏的鸟鸣。

那些细小的燧石刮削器，可能是"石门人"切剥猎物的利刃；那些骨锥，可

石器

旧石器时代（距今约 30000 ~ 20000 年），1992—1993 年石门燕儿洞遗址出土，湖南省文物考古研究所藏。

能是"石门人"缝制草裙、树皮或兽皮衣服的工具；至于那些骨制器柄，则可能是"石门人"用来狩猎和捕鱼的投矛、标枪、渔叉等复合型工具的关键部件。

从发现的石器以及动物骨骼化石上火烧的痕迹来推断，我们这些远古的祖先不但学会了使用复合型工具，而且已经懂得人工取火、炊煮熟食。他们固然看不懂滔滔溇水的来龙去脉，固然听不懂滔滔溇水浪花的吟唱，但他们以穴居群处的自觉体系，在溇水河畔以血缘群婚的形式繁衍着子孙后代，留下一道道人类早期的背影。

寻根水稻的祖先
——道县玉蟾岩遗址稻谷出土随想

在玉蟾岩里沉睡了一万多年的史前古稻谷，其神秘的面纱在世界水稻生产逐渐走向高峰时期，被一场意外的春风吹开了。

1995 年 11 月，在道县玉蟾岩遗址，考古专家们发现了 4 粒古稻谷！这 4 粒古稻谷，就像一条浓缩的光阴线突然被舒展拉长了一样，把时光一下子推向了一个悠远的过去，与现代人类形成一种生息上的隐形对接。

从全新世气候转暖的时

稻谷壳

旧石器时代—新石器时代（距今约 18000 ～ 14000 年），1993—1995 年道县玉蟾岩遗址出土，它是一种兼有野、籼、粳综合特征的从普通野生稻向栽培稻初期演化的最原始的古栽培稻类型，不仅是目前世界上发现的时代最早的人工栽培稻标本，更是探索稻作农业起源的时间、地点及水稻演化历史的珍贵实物资料。湖南省文物考古研究所藏。

期起，湖南境内形成了非常适宜的气候条件，普通野生稻的生长遍及湖南境内。考古发现，湖南境内有多处普通野生稻生长地点。1988年，我省考古工作者在澧县彭头山遗址发现大量掺杂在陶片里的稻壳，距今约9000年，将世界稻作历史推前了2000多年；1995年，澧县八十垱遗址出土了距今约8000年的近万粒炭化稻谷；1996年，在中国最早的古城——澧县城头山遗址，发现了世界最早的水稻田，距今约6500年；2006年，在距今约4000年的澧县鸡叫城遗址，发现了大量炭化谷糠和完整的灌溉系统。

短短的几年时间，全世界最早的古稻谷和与稻谷相关的设施似乎都迫不及待地从湖湘大地上冒了出来。这些古稻谷和相关设施的考古发现，几乎把全世界惊得目瞪口呆，它们是破解水稻起源之谜的最清晰图谱。为此，美国、日本、以色列等多个国家的考古专家，一次次来到湖南进行联合考古。

2004年11月，由美国哈佛大学农业考古及人类起源学权威专家巴尔·约瑟夫教授，以及湖南省文物考古研究所所长袁家荣等十多位考古专家组成的中美联

炭化稻米
新石器时代（距今约8000年），
1995年澧县八十垱遗址出土，湖南
省文物考古研究所藏。

合考古队，就"中国水稻起源考古研究"这一课题进行新一轮考古发掘，他们在玉蟾岩又发现了 6 粒与前期发现的 4 粒古稻谷同年代的、已经炭化的稻谷。这样的事实告

澧县城头山古城遗址发掘到的水稻田遗址（距今约 6500 年）

诉我们，稻谷真正的老祖宗，一直就沉睡在道县的玉蟾岩。

　　这些古稻谷和与其同时出土的其他文物清晰地昭示，人类正步入新石器时代。

　　由旧石器时代向新石器时代的过渡，是人类发展史上一个漫长的蜕变，其中的疼痛、沧桑和艰难，虽然早就被无形的光阴遮蔽，可它的历史时间却是有刻度的。在距今约 20000～10000 年，我们的祖先已不再茹毛饮血，他们开始陆陆续续地从群居的山洞里走出来，离开了寒冷的冰河时代，逐渐摆脱靠采摘野果野菜和生吃鱼类兽类的日子，学会了烧制陶器、磨制石器、驯化动物、种植水稻、定居村落，开辟了人类从采集型经济到生产型经济递进的新纪元。同样是劳作，但劳作的工具和方式，却让我们的原始先民们的生活发生了本质上的裂变。他们选择平原上的肥沃之地，耕田而食，聚族而居，从最早期的动物秉性的人类，脱胎换骨成智力型的人类。

　　史前稻作农业的发展，为人类文明的腾飞插上了翅膀。

陶釜
——世界最早的陶器

陶釜

旧石器时代—新石器时代（距今约 18000 ～ 14000 年），高 29.8
厘米、口径 32.5 厘米，1995 年道县玉蟾岩遗址出土，湖南省文
物考古研究所藏。

　　1993 年，当考古专家们还沉醉在那四粒古稻谷的发现中时，一道隐形的火焰又一次让他们热血沸腾。在玉蟾岩遗址文化底层，一块粗糙丑陋的陶片突然像一缕行将熄灭的星火，从土层里绽放出来。小心翼翼地拂去尘土，才在文化层底层发现了一块极为原始的陶片，陶片厚薄不匀，最厚处约有 2 厘米，而且软绵绵的，就像一个还没到足月就被分娩了的婴儿。这让考古专家们惊喜中又多了几分担心，生怕一

不小心就会折断这个婴儿的血管和筋骨。

专家们当然知道，这陶片因为烧陶时火力不够，所以很软，这是陶器产生的最原始的形态。经过将碎陶片拼接复原，可以确认，这是当今世界所知年代最早的陶器——陶釜。

最早的水稻谷粒，最早的原始陶器，都出土在玉蟾岩遗址，这两个让人惊叹的事实清楚地告诉我们，玉蟾岩遗址居住着的原始人类，已经站在新石器时代的门槛上。

在玉蟾岩遗址，那一堆灰尘，就明确地昭示这里曾经有过火焰燃烧的时刻。然而，曾经那么漫长的时光里，茹毛饮血的先民，因为不知道他们的生活中还可以制造出火焰，一直生活在黑暗、寒冷和血腥之中。

到底是谁那么不小心，在敲打石器用具时，竟然让飞溅的火星跳到了一片干枯的树叶上，引起了一场浩大的火灾？是谁在大火熄灭之后，发现了还散发着余热的灰烬里被烧熟了的动物，并在惊恐中试探着撕下其中一块，吃得满嘴流油？是谁第一个发现，那被大火烧得光秃秃的原始森林的松软泥地变得更加坚硬？

这一个一个偶然的发现，一步一步地彻底改变远古人类的生活。有了火，旧石器时期的人类天空就开始告别了寒冷和黑夜，开始尝试熟食的生活，开始烧制盛物的器皿。湖南境内考古发现的众多新石器时代遗址，为我们勾勒了湖南境内原始先民发明陶器之后不断改进制陶技术和广泛使用的发展历程。

距今约 9000 年的陶器，如澧县彭头山遗址出土的陶器，全用夹砂陶烧制，

兽面神徽陶罐

（距今约 7400 ～ 7100 年），高 11.5 厘米、口径 16 厘米，洪江高庙遗址出土，湖南省文物考古研究所藏。

白陶盘

（距今约 7000 ～ 6500 年），高 9.5 厘米、直径 21 厘米，安乡汤家岗遗址出土，湖南省文物考古研究所藏。

红陶鬶

（距今约 4500 ～ 4000 年），高 27.4 厘米，湘乡岱子坪遗址出土，湖南省博物馆藏。

陶色不匀，都是用手工制成的，技术还不够完善，但已经懂得装饰外表，使器壁更加牢固，不至于被烧裂。

距今约 8000 ～ 7000 年的陶器，如怀化洪江市高庙遗址出土的陶器，已经不只是普通的生活用器，而是当时人类用于宗教礼仪活动的"艺术神器"，器物上出现了一些神秘诡谲的图像，可能是为了获得神灵的恩赐与庇佑，用最精湛的技艺和当时最好的材料和色调制作。

距今约 7500 ～ 6000 年的先民们已经懂得了对陶器实行打磨处理，如安乡汤家岗遗址出现了最具魅力的印纹白陶新气象，繁缛的复合型纹饰显然经过了多道工序，既有自行演变轨迹、又受其他地区影响。

距今约 5000 ～ 4000 年的陶器，形式变得多种多样，既有粗糙厚重的炊器和容器，又有小型精致薄胎的饮食器，其中许多陶器还开创了我们今天所用器皿的常见形式。陶器的装饰也出现丰富多彩的面貌，多数装饰都位于最突出的部位，充分地适应了人们的审美要求。为了增加器物造型美感，有的部件还做成各种拟形器。如湘乡岱子坪遗址出土的陶鬶，长流作鸟嘴形，把手多作纽绳形，追求周转均衡、轻巧美观的艺术效果。

陶器的绽放，是泥的孕育，水的浇灌，更是火的涅槃。从发明手工制陶到轮制陶器，从粗糙的夹砂陶到经过筛选的泥质陶，从简单器形到复杂器形，从加固器壁装饰到审美装饰，从一器多用到器类丰富。有了道县玉蟾岩早在 1.8 万年前那火焰，中国的制陶史才被真正照亮，中国陶器的花朵从此才越开越绚丽。

城头山的真实童话
——中国最早的古城遗址

　　澧阳平原的城头山遗址，一座尘封的城池，一段淹没的历史，一曲史前的绝唱，在一个偶然时刻复现于历史的上空。

　　那是 1979 年 7 月 28 日的下午，对于当时的澧县文物管理所所长曹传松来说，这是一个令他终生难忘的时刻，落霞的余晖中，一座突兀隆起的土岗耸立在澧阳平原上，凭着职业的敏感，他断定这是文物遗址，并就此敲开了一道世界奇迹的厚重门扉。

玉环

新石器时代（距今 6500 ～ 4500 年），直径 7 厘米，澧县车溪乡城头山遗址出土，湖南省文物考古研究所藏。

　　在城头山遗址尚未发现时，常德澧县车溪乡南岳村的人们从没有谁对那个高出平原二至四米的土岗产生过任何质疑，即使在劳作中踩到了泥田中的瓦砾，他们也不会想到，脚下踩着的竟然是一座远古时期的城池。

石钺
新石器时代（距今 6500 ～ 4500 年），长 19 厘米、宽 15.5 厘米，澧县车溪乡城头山遗址出土，湖南省文物考古研究所藏。

陶鼎
新石器时代（距今 6500 ～ 4500 年），高 7 厘米、口径 5.5 厘米，澧县车溪乡城头山遗址出土，湖南省文物考古研究所藏。

　　据考证，早在距今约 7000 ～ 6500 年，有一支先民在城头山聚族居住， 并开始在居住地周围掘壕沟，筑城墙。这里近山、居岗、靠水，是得天独厚的筑城之所。城头山古城池始建于 6300 年前，曾经历过四次大规模的城墙修筑与扩张，城墙不断外扩，壕沟不断拓宽，直至距今约 4000 年古城被废弃，此城中上古先民生活的时间达 2000 多年。城池与周围的河湖水系联系密切，沟通交流，平时有舟楫之利，汛期便于泄洪。

　　在这里，考古人员发现了城垣、城门设施、道路、排水沟、环城壕、护城河、制作非常精致且保存完整的船桨；发掘出大片台基式的房屋建筑群基础，设施齐全的制陶作坊，奇异的献祭祭坛，密集的公共墓葬以及城垣之下压着的距今约 6500 年的水稻田遗址；出土了包括石器、陶器、玉器、骨角器以及炭化的稻谷等在内的文物数以千计。正是凭着这些令人眼花缭乱而又惊心动魄的出土文物和文化遗存，城头山于 1992 年和 1997 年，两次入选"中国十大考古新发现"。

　　城头山古城遗址石破天惊的考古发现告诉我们一个重要的文化史实：长江流域的古代文明，不仅并不逊色于黄河文明，且其年代更加久远。听起来，这似乎是一个童话，但它却是一个最真实的童话。

城头山古城遗址全景

新石器时代（距今6300～4500年），位于常德市澧县车溪乡。鼎盛时期的城头山古城城墙高于5米，护城河宽30～40米，城内面积达到8万平方米。

　　生活在城里的城头山人，日出而作，日落而息，耕田而食，聚族而居。他们建起一排排房屋，垒起炉灶炊煮，又搭建简易工棚，忙于制陶烧窑。他们常到旷野去狩猎，去河边捕鱼，在河岸放牧猪羊。他们更多的是进行原始农耕，用骨器、石器松土，春种、秋收、冬藏。他们学会了疏通渠沟，修筑城池，应对洪水与外族侵袭。他们发展出了较为成熟的社会组织，由若干家庭联合成氏族，若干氏族联合成部落。他们崇拜太阳，信仰神灵，举行神秘的祭祀活动，祈求神灵赐福。

　　站在澧县城头山遗址古稻田的边缘，我们似乎还能闻到从原始先民们生活了两千多年的城池里飘出的悠远的稻谷和瓜果的馨香。

龙凤呈祥话玉佩
——澧县孙家岗石家河墓地遗址玉器解读

"石之美者，玉也。"

1991年澧县孙家岗石家河文化墓地出土的26件玉器，是迄今为止湖南新石器时代玉器的最大发现，数量最多、品种最齐，有璧、璜、佩、笄、坠等各种品类，令人惊叹。

其中，一对龙凤形玉佩，吸引了在场所有专家的目光。专家们认为，这对龙凤佩采用镂雕结合阴线刻画技法成形，玲珑剔透，代表了湖南新石器时代玉器雕琢的最高水平。在此时期的红山文化中，以玉龙为代表的各种动物形玉佩已非常流行。

玉在最初被人类发现并使用的时候，还仅仅是一种在外观上更为令人注目的"美石"，这时候的玉器当视为石器的一种，或因其质坚而为工具，或因其色美而为装饰。在原始社会晚期，巫觋们在完善宗教仪式、创造祭祀工具的过程中，发现玉相比陶、石等材料具有质地致密坚韧、色彩瑰丽、光泽柔和、手感温润、原料珍稀的特性，更能表现出原始先民对神祇的崇拜、专注，表达尊贵的寓意，所以玉逐渐被巫觋选择成为最适合的"事神"之物、"通神"媒介，至此玉石开始分离。玉被加工成特定的形状用于祭拜活动中，在自然属性之外被赋予宗教神

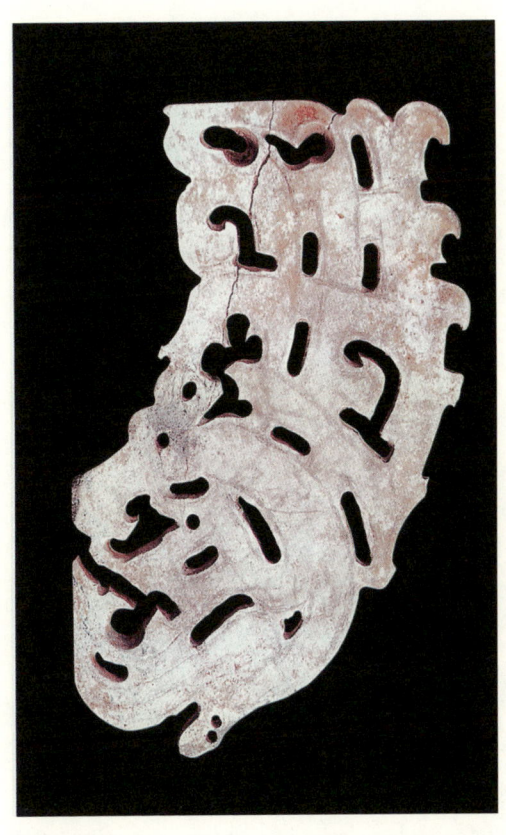

龙形玉佩

新石器时代（距今 4500 ~ 4000 年），长 9.1 厘米、宽 5.1 厘米、厚 0.2 厘米，龙体弯曲，头顶上有似长尾羽的多重"花瓣"冠，1991 年澧县孙家岗遗址 14 号墓出土，湖南省文物考古研究所藏。

凤形玉佩

新石器时代（距今 4500 ~ 4000 年），长 11.6 厘米、宽 6.2 厘米、厚 0.2 厘米，凤鸟头顶羽状冠饰，曲颈长喙，展翅卷尾，1991 年澧县孙家岗遗址 14 号墓出土，湖南省文物考古研究所藏。

秘观念，成为原始宗教物化形态的集中体现。玉就像一个从小溪流跳到汪洋大海里的水仙神女，以其温润柔软或明澈脆幽的华美从陶和石的黯淡阴影里走了出来，不仅是日常生活中的惊艳饰品，而且进入到各种重大礼仪和祭祀鬼神的宗教道场里，成为祭奠圣灵圣物不可或缺的宗教道具。

《越绝书》就提到玉的最初功用是"神物"，"夫玉亦神物也"。玉既是神灵寄托的物体、外壳，又是神之享物、通神之物。如扁平中间有圆孔的玉璧形制是受到原始先民食物的启发，将玉璞切割磨制成玉璧，积叠起来供奉神鬼；红山

玉璧

新石器时代（距今 4500～4000 年），直径 16.3 厘米、孔径 5.3 厘米、厚 0.9 厘米，1991 年澧县孙家岗遗址 9 号墓出土，湖南省文物考古研究所藏。

玛瑙璜（2 件）

新石器时代（距今 6500～4500 年），长 9.35～9.85 厘米、直径 1.1～1.4 厘米，1997 年澧县车溪乡城头山古城址 678 号墓出土，湖南省文物考古研究所藏。

文化、良渚文化等新石器时代玉器应该是神及其代言人巫觋所专有，玉龙玉凤等动物玉佩和勾云形器、玉璜、钺等诸多玉器，就是巫觋举行祭祀活动的时候直接事神的圣物；装饰着神人兽面纹的玉琮则是巫师用来沟通人神、天地的媒介；似人非人，似兽非兽的外形，狰狞而神秘，可能就是巫师头戴傩面事神的造型；良渚墓葬中巫觋头部殉葬的半圆形玉片、玉背象牙梳、三叉形器等，可能是事神时所带的冠，也可以视为巫觋事神时的辅助用具。

巫觋通过玉与神的沟通对话和传情，幽冥地演绎出玉的神圣与神秘。

商周篇

本书文物分布示意图
（商周篇）

凤鸟纹青铜戈卣

——商人进入湖南的文化实例

夏、商、西周三代，在湖南可称为先楚时代。这一时期，湖南并不属于华夏族范围，境内居住的主要是古越人与蛮濮。

早在四千年前，禹伐三苗，致使三苗部落解体，不得不流亡到长江中下游平原，与百越民族中的扬越等部族和其他由于战乱、饥荒等原因从北部和中原地区迁徙到湖南境内的族系居民结成同盟。到商周时代，已逐渐与扬越等部族相互融合的三苗部落，终于在江汉平原

凤鸟纹青铜戈卣

商（前1600—前1046年），通高37.7厘米，为椭圆口，深腹，圈足，有盖，提梁置于两侧。器盖及身有高突的四道棱脊，主纹为凤鸟纹。出土时，器内有玉兽、玉龙、玉环、玉玦、玉珠管等320件玉器。1970年宁乡黄材王家坟山出土，湖南省博物馆藏。

圆雕玉兽
商（前1600—前1046年），长6.6厘米、高3.1厘米，
1970年宁乡黄材王家坟山出土，湖南省博物馆藏。

圆雕玉龙
商（前1600—前1046年），长10.5厘米、宽4.1
厘米、厚1.8厘米，1970年宁乡黄材王家坟山出
土，湖南省博物馆藏。

苗壮成长起来，并形成了一支新的部族，这就是先秦史籍所记载的南蛮部落。随着南蛮部落的兴起，与江汉平原一步之遥的长沙，也就顺理成章地被列入了它的控制范围。

至商朝动乱不堪之际，刚刚继位的盘庚，为挽救商王朝的政治危机，便力排众难，迁都于殷，也就是现在的河南安阳。盘庚迁殷后不久，商王朝就对湖南境内的原有住民进行了大规模的征伐，某些商人支系和氏族也随之进入湖南。后由于内部变乱，加上商、周之间的战争及周武王灭商的烽火狼烟，越来越多的中原商人族系避难南迁，涌入湖南境内。

20世纪30年代以来，宁乡炭河里遗址及其周围邻近地区陆续出土的多批商周青铜器，就是商周时期中原青铜文化进入湖南的实物证据。其中，就有价值连城的四羊方尊、人面方鼎等，被考古界称为"宁乡青铜器群"。

炭河里遗址是一个青铜文化的中心聚落或都邑所在地，始建年代不早于商末周初，使用年代主要为西周早中期，废弃于西周晚期。其文化面貌以本地传统文化因素为主，也有中原地区商代和西周时期的特征性文化因素。学界认为，以炭河里城址为代表的考古学文化，是"一支外来势力与本土文化融合共存的地方青铜文化"，这支"外来势力"应该就是殷商灭国时南迁的一支商人氏族。

如宁乡黄材王家坟山出土的凤鸟纹青铜"戈（戈）"卣，亦是"宁乡青铜器群"

中的重器。器盖和器内底有"亻"字，是"亻"族的族徽。

族徽文字又称族氏铭文，是象征本家族的特殊标志，通常由一个或多个象形性较强的文字或图像组成。湖南境内已出土多件铸有族徽标志的青铜器，其中以"亻"族和"𢀖（癸）"族两个族的青铜器数量为多见。

"亻"族在夏商时期是中原地区的旺族，其族存在的时间相当长，约从商代早期一直延续到春秋时期，许多铜器上都可以见到同样的铭文。"𢀖"氏族徽多见于商周青铜器，是商代中原地区势力强大的族氏。商周时期"𢀖"族活动地域较为广泛，"𢀖"族之器在河南安阳、洛阳，以及陕西长安、宝鸡和凤翔均有出土。考古资料表明，"𢀖"族与商王室曾有联姻关系，且双方关系相当密切。

凤鸟纹青铜"亻（戈）"卣的造型、纹饰与中原同类型器无差异，有浓郁的中原风格，它很可能是盘庚迁殷后和商末周初，南下的商人氏族和群体从中原带入湖南的。

正是由于南迁的中原华夏族人带来了青铜器和相关的铸造技术，湖南地区的原住部落和族群从商代中期以后，开始进入青铜器时代的洪钟大吕里。

"癸𢀖"兽面纹青铜卣

商（前1600—前1046年），通高25.9厘米，1963年宁乡黄材炭河里出土，湖南省博物馆藏。

"𢀖父乙"青铜罍

西周（前1046—前771年），通高44厘米，宁乡黄材出土，湖南省博物馆藏。

兽面纹青铜瓿
——中国商代的瓿王

湘江下游支流沩水河畔，一片正在抽穗的稻田在夏季的阳光下泛起一层深沉的墨绿。这

兽面纹青铜瓿

商（前1600—前1046年），高60～62.5厘米、口径57～58厘米、腹径86～89厘米、圈足16厘米，重61.9千克，瓿口沿斜折，短颈，圆肩，腹下收。肩部有四处铸造时留下的痕迹。腹部和圈足上有四道矮而薄的扉棱，圈足上部有四个方形镂孔。颈部有三周凸弦纹，肩部饰夔龙纹，以云雷纹为地，腹部和圈足上饰兽面纹。2001年宁乡黄材沩江河中发现，宁乡县文物管理所藏。

里本来是个盛产水稻的大粮仓，人们怎么也不会想到，这样一大片辽阔的稻田里，居然沉睡着一个青铜王国。

2001 年 6 月 19 日，宁乡县黄材镇四个在沩水河中游泳的学生，无意间又发现了一件兽面纹青铜瓿。

根据相关文献记载和地理考证，在商周时期，此处还没有沩水河，沩水河为后来雨水冲刷形成，根据沩水河与黄材炭河里遗址相距只有一公里的实际，专家推测，此瓿可能是被雨水冲刷而来。若真如此，那它就是炭河里遗址已经出土的商周青铜瓿中最大的一件。

炭河里遗址为椭圆形山间盆地，东西长，南北窄，

青铜瓿局部纹饰

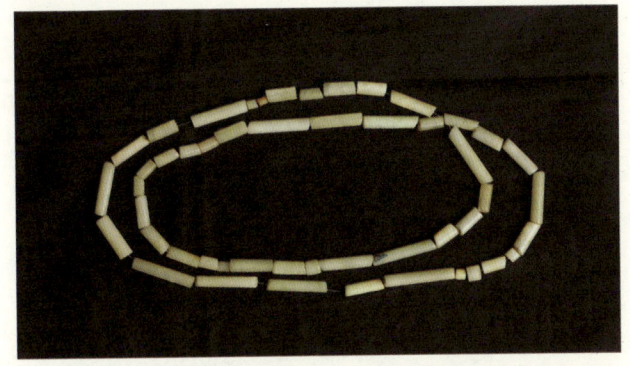

玉珠、管
商（前1600—前1046年），长 0.3 ～ 4.9 厘米，1963 年宁乡黄材炭河里出土，湖南省博物馆藏。

地势平坦，中央是浩浩荡荡将近千万平方米的冲积平原，四周环山，盆地中央一马平川，墩溪、胜溪、蒿溪分别从北、南、西三面冲出山口在盆地西部汇入黄材河，遗址部分已遭河水冲洗。

早在 1963 年，炭河里遗址附近的墩溪河中也出土过"𣪘（癸）"兽面纹提梁卣，卣内装满玉珠、玉管，共计 1174 件。当时，湖南省博物馆相关专家经过调查考证后就确认，这里是一处商周时期的遗址。2001 年至 2005 年，对炭河里

遗址大规模的考古发掘证明，这里确曾是商周时期的一座古城所在地，面积达 23 万平方米。古城四面夯筑城墙，有内外护城河。从残存的城墙推测，城址可能是圆形。城内宫殿城内宫殿是多层重叠的，坐北朝南，排列有序，城外还有西周时期的墓葬。这样的古城址遗迹，很显然地再现了商周都邑的元素，其使用时间应在商周时期。

远去的时光，早已湮没了那座商周古城。现代人探微历史源头的心跳，却又重新将这座商周青铜王国唤醒。

这些古老的青铜器，是何人铸造的呢？为什么其风格既生动又写实，截然不同于中原地区出土的庄严古朴的同类青铜器呢？

一切还有待未来更多的考古发现去解释。

炭河里遗址全景

人面纹青铜方鼎

——废品堆里挑出的国宝

很多时候，面对某些愚昧行为，我们居然都找不到对其指责的理由，因为愚昧在某种特定时空中往往源于人一种尚未开启的蒙蔽心性。

1959年的一天，宁乡县黄材镇炭河里乡胜溪村新屋湾一个农民在挖地的时候，意外地挖出了一件铜器。面对那么一坨庞大的铜，他最为难的就是怎么把它搬回去。这个费尽了心思也一筹莫展的农民，最后想到了一个"绝妙"的办法，将它敲碎成十几块搬回家去。

这件铜器，就是后来被考古学家鉴定为现有商周青铜器中唯一的一件以人面为饰的方鼎！

由于金属制品是重要的回收物资，这个实在的农民就将搬回的青铜碎片连同家里的废铜烂铁一起卖给了收废品的人。很快，已经被肢解的青铜器被分类集中运到了长沙毛家桥废铜仓库。

说起来，不幸的人面纹青铜方鼎又是幸运的。当时，湖南省博物馆对于废铜的回收非常关注，派了工作人员常驻废铜仓库，对各地送来的废铜进行拣选。博物馆的工作人员凭他们的直觉发现，那些被敲碎的青铜碎片，应该是一件重要文物。他们在运来的废铜中一共找到了10块碎片。经过拼合对接，却发现拼成的

人面纹青铜方鼎

商（前1600—前1046年），通高38.5厘米、口长29.8厘米、宽23.7厘米，其形状为长方形，立耳，直口，平底，口略大于底，下有四足，四角有扉棱。器身四面浮雕四个浓眉大眼、高鼻梁、凸颧骨、宽嘴紧闭、表情庄重的人面；耳的上部有一弯钩状的角状饰，腮两侧置有弯曲的鹰或兽爪。从整体结构看，它们已经构成了人面的部分特征。显然，这个所谓的"人面"，是一种头上长角、肢体带爪的怪神的局部特写，是人们心目中的神或怪神的形象。铜器内侧近口处，刻有"禾大"铭文。1959年宁乡县黄材镇出土，湖南省博物馆藏。

人面方鼎还缺一足和底部一块。他们在废铜仓库中反复寻找，却始终没有发现那缺少部件。

带着深深的遗憾，湖南省博物馆专家张欣如接过了对人面方鼎进行修复的重任。面对人面方鼎尚缺一足的现实，他无奈地为其装上了一条假腿，使其成为一件完整器物。

　　尽管这是一件现有商周青铜器中唯一一件以人面为饰的方鼎，可因为装着一只假肢，它的传奇命运却还在延续。

　　似乎冥冥之中，这件商周神器注定是要归于完整。两年之后，湖南省博物馆工作人员竟然奇迹般地在株洲废铜仓库中发现了一只与这件人面纹方鼎相同的鼎足，随即便带回馆里仔细核对，确定其果然是那只不翼而飞的鼎足，于是又对其再次"手术"，卸下假肢，换上真腿。至此，青铜人面方鼎才真正完整面世。

　　由于人面纹方鼎装饰怪异，很快就成了学界的焦点，学者们对此有多种解释。一种观点认为，这组人面纹属于传说中"有首无身"、贪婪吃人的凶兽饕餮；另一种见解认为，它所表现的，更像是一个身份高贵的女性方国首领形象；还有一种解读是将"人面"理解为"黄帝四面"，是人首龙身的黄帝形象；最后一种主张认为，古代有用猎头祭祀的习俗，这件人面纹方鼎的大小正好可以放置一颗头颅，因此认定该鼎可能是放置猎头祭品的礼器。

人面纹方鼎局部纹饰

　　对于人面鼎上的铭文，学者们的见解也有诸多分歧。一种观点认为铭文可释读为"禾大"或"大禾"，可能是制器者之名；第二种见解认为铭文可释读为"年"字，认为鼎上的人面纹可能是当时南方一个司稻属国的邦君造像；还有一种看法则认为铭文可释读为"秋"字，为族名，其理由为，商、周的"相"方国应在今湖南的湘水流域，而炭河里古城正好处于"相"方国范围内，但是否就是这个方国的都城，还待进一步求证。

"禾大"铭文

　　无论如何理解，青铜人面方鼎都无疑是一件非常精美又内涵丰富的国宝级文物。

独一无二青铜豕尊

——商周青铜动物造型杰作

1981 年初春，湘江岸边的垂柳刚刚绽出鹅黄色嫩芽，湖南湘潭县九华乡桂花村船形山农民朱桂武，带领儿子朱伢子和附近几个农民，在为建新住房挖地基。当挖到一米深左右时，忽然"当"的一声，朱桂武的锄头碰到了硬东西，他好奇地扒开土层，一只暗黑色锈迹斑驳猪模样的家伙呈现于眼前。大家立马围过来察看，个个目瞪口呆。倒是上过中学的朱伢子有见识，断定这是一件国家文物。

消息很快传开，来朱家看稀奇的人络绎不绝。从各地跑来向朱桂武讨要"金猪"的人也没有间断。最后朱桂武选择将此文物交给湖南省博物馆。省博物馆立刻派人去实地调查，豕尊出土地点是面对湘江的一个山坳里，附件没有其他器物，属于窖藏。

豕尊体形庞大，作站立状，两眼圆睁平视，两耳挺立呈招风状，长嘴上翘而微张，犬齿尖长，背上鬃毛竖起，四肢刚健，臀、腹部滚圆，尾巴短小，耳、蹄、臀、生殖器等细部刻画传神，活脱脱一头膘肥体壮、孔武有力的带有几分野性的公猪形象。猪身外表饰各种神秘图案，头部阴刻兽面纹，腹部饰鳞甲纹，四肢和臀部饰倒悬的龙纹，疏密相间的纹饰将此器装饰得神秘而又高贵，显示了猪的神性一面。猪尊另一个显著特点是它的实用性，体现了铸造者的匠心，猪尊内腔空，

青铜豕尊

商（前 1600—前 1046 年），高 40 厘米、长 72 厘米，1981 年湘潭九华乡船形山出土，湖南省博物馆藏。

猪背有一椭圆形孔，有盖，盖上捉手为一圆雕立鸟，前后腿上部正中有一对圆穿管，圆管悬在空腔中，可以穿绳。当器内装满敬神酒液时，必然使器体重量增加，这给移动带来了麻烦，若穿根绳子，就能借助绳子支撑杠抬起来，十分实用，体现了铸造者的匠心。

动物造型是湖南商周青铜器的重要特点，如：1938 年宁乡月山铺出土的四羊方尊和流失海外的青铜虎食人卣、双羊尊；1975 年 2 月，醴陵县（后改市）仙霞公社狮形山大队一村民在狮形山坡上挖土植树时发现的商代晚期的青铜象尊；1976 年衡阳包家台子出土的青铜牛觥，等等。而以野猪作为器物形制，在现有商代青铜器中仅此一例。

青铜牛觥

商（前 1600—前 1046 年），通高 14 厘米，1976 年衡阳包家台子出土，衡阳市博物馆藏。

青铜四羊方尊

商（前 1600—前 1046 年），高 58.6 厘米，1938 年宁乡月山铺出土，中国国家博物馆藏。

猪是祭祀中的重要祭品，殷墟出土甲骨文中有许多用猪祭祀的材料。"陈豕于室，合家而祀。"研究者指出"凡祭，士以羊、豕。古者庶士庶民无庙干寝，陈豕于屋而祭也"。家猪也是普通人家使用的祭品。如此精美铜器的拥有者，显然不是普通平民百姓，为了与普通百姓相区别，所以要选择野猪。至于具有家猪的某些特点，是商代养猪业已有相当规模，人们接触较多，在制作过程中携带家猪的某些特点是正常的。

这些动物造型器物整体均衡，平面纹饰与立体造型有机结合，在有限的空间把线雕、浮雕、圆雕技艺熔于一炉，原本无血无肉更无灵的青铜制品，经过我们古代大师们的手，被灌注了跃动的生命，再加上巧妙的内部构造，神性、艺术性、实用性被淋漓尽致地表现出来。

一个世纪的漂泊
——坎坷传奇的"方罍之王"

　　一件刚刚重现人世的国宝，还没来得及晒晒它久违了三千多年的太阳，还没来得及看清三千年以后的中国是个什么样子，就懵懵懂懂地踏上了它的漂泊之旅，这一漂，就漂了将近一个世纪。

　　1919 年，桃源县水田乡茅山峪一个叫艾心斋的农民在他家附近的一个山坡上干活，突然发现一个露出地表的东西在稀薄的阳光下泛出一道道幽深的光晕。他走近才看清，那东西很像一件铜器。于是，他急急忙忙跑回家，把这事告诉了父亲艾清宴。其父一听，马上意识到那很可能是一件宝物，就跟着儿子爬到山上，将宝物挖出来搬回了家。

　　这就是后来成为湖南省博物馆镇馆之物的青铜皿方罍，中国青铜文化鼎盛时期的经典之作，也是迄今为止出土的方罍中最大、最精美的一件，被称为方罍之王。

　　在古代，罍是一种大型盛酒器和礼器。《诗经》里的《诗·周南·卷耳》就有对罍的诗意描述："我姑酌彼金罍。"这里的"金罍"即是指青铜罍。罍诞生于商代晚期，流行于西周至春秋中期，绝迹于战国时期。青铜罍在历史上流行的时间不长，尤其是方罍，更是十分稀少。

　　1924 年，益阳一个叫石瑜璋的古董商得知艾清宴家有一件皿方罍的消息后，

青铜皿方罍

商（前 1600—前 1046 年），通高 88 厘米、口长 26.1 厘米、口宽 21.6 厘米，方形，有盖，直颈，腹下收，圈足。前面正中上下排列兽首和兽首耳；后面一兽首，左右两面肩部各有一兽首衔环，器口内铸有铭文"皿乍父己尊彝"6 字。有盖，盖呈四坡屋顶形，顶上有捉手，盖内有铭文"皿而全作父己尊彝"8 字。盖身及四角与器身四角及中部装饰长条钩戟形扉棱。全器以细云雷纹为地子，装饰兽面纹和龙纹、鸟纹。器形高大，它集立雕、浮雕、线雕于一身。1919 年桃源水田乡茅山峪出土，湖南省博物馆藏。

就找上门来想购买，可他只看到了器身。器盖被艾清宴的儿子艾心斋作学费抵押给了他正在就读的新民学校。校长钟逢雨认出器盖铭文后，知道是一件商代器物，就把它收藏了起来。要说青铜皿方罍是不幸的，又是幸运的，因为它毕竟巧遇了一些还略懂一点文物常识的人。

钟逢雨知道皿方罍的"身躯"被一个商人买走后，非常痛心这件国宝落入非法商人之手，就向当地政府举报，要求政府追查。1925 年 6 月 11 日，《长沙大公报》报道了新民学校校长钟逢雨举报益阳人石瑜璋买走皿方罍器身之事，引起了当时的国家教育总长章士钊的重视，他要求湖南省政府进行调查。湖南省政府确实采取了行动，长沙内务司还发出了第二十三号训令，要求益阳县查办此事。然而，据同年 7 月 26 日的《长沙大公报》报道，益阳县长对长沙内务司的回复却是因器物在长沙杨克昌古玩店，无法查扣，只得要求石瑜璋五日内归案，将器物缴呈，可此事最后不了了之。

最让当时的新民学校校长钟逢雨气愤和纠结的是，不仅器身没找回来，最后连器盖也未保住，因为器盖被一个叫周磐的人以 3000 元强行买去，这事《桃源民国志》有明确记载。

1950 年，周磐在昆明被捕后，交出了皿方罍器盖，并附带了一份材料。1952 年，湖南省人民政府副省长金明将皿方罍器盖和材料交湖南省文物管理委员会保存。1956 年，湖南省文管会与湖南省博物馆合并，器盖和材料也一并移交给了湖南省博物馆。可是，皿方罍器身却下落不明。

其实，就在当时的文物工作者苦苦寻找皿方罍器身的时候，它早已经带着满身的忧伤流出了国门。

1928 年，法国学者乔治·苏利耶德莫朗编写了一本《中国艺术史》，此书 1931 年在美国以英文出版。其中，就有皿方罍照片，并在书中介绍，皿方罍先后被包尔禄、姚叔来、卢芹斋等收藏。

后来，皿方罍流落到了日本后，被日本古董商浅野梅吉购买。浅野梅吉带着

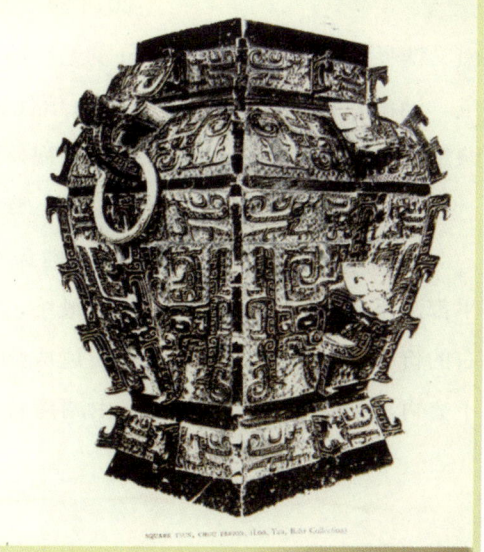

A HISTORY
OF CHINESE ART
FROM ANCIENT TIMES TO THE
PRESENT DAY

BY
GEORGE SOULIÉ DE MORANT

TRANSLATED BY
G. C. WHEELER

NEW YORK
JONATHAN CAPE & HARRISON SMITH

1931 年英文版《中国艺术史》

皿方罍铭文

他的收藏梦魂归天国后，其子浅野刚整理父亲遗作，1961 年出版了《中国金石陶瓷图鉴》，其中有皿方罍图片和文字说明，并介绍其父是 1930 年买到皿方罍的。

20 世纪 50 年代，皿方罍器身又被日本另一收藏家新田栋一购藏。据新田栋一自述，他于 1950 年见到此器，以重金购买，一直收藏到 2001 年。

2001 年，新田栋一家族将皿方罍器身交美国纽约佳士得拍卖。得此信息后，上海博物馆和保利艺术博物馆联手筹集了一笔巨款，赴美参加竞买。可在拍卖会上，一位法国买家却以 924 万美元高价拍得皿方罍器身，打破了当时中国青铜器以及中国艺术品拍卖的最高成交纪录。

然而，让国宝回家的心愿之火却一直还在中国人内心燃烧。得知美国纽约佳士得拍卖公司将在 2014 年 3 月 20 日拍卖会上再度出售皿方罍器身，湖南文博界、企业界和收藏界自发无偿地筹集资金，试图购回属于中国的皿方罍器身。湖南省博物馆于 3 月 15 日致信佳士得拍卖公司亚洲区总裁，竭诚表达了收藏意愿。湖南省委、省政府高度重视，湖南文博界、企业界和收藏界联合组团，一起前往美国纽约参与谈判，同时还带去了皿方罍器盖的 3D 模型。

在拍卖现场，当 3D 模盖契合地盖在皿方罍器身上的时候，在场的中国人几乎都流下了难以言说的眼泪……最终，湖南代表团以低于预计拍卖成交价一半左右的价格，与卖方及佳士得公司达成购买协议，并在协议中承诺，此器物将永远不会再出现在任何拍卖会上，由湖南省博物馆永久收藏。

象纹大铜铙

——中国最古老的打击乐器

看过电影《英雄》的人，都应该还记得那件器形巨大的古老乐器，记得那一缕缕洪亮悠扬而又沉厚的音律。这种乐器就是铜铙，中国现存最古老的打击乐器。其原件是 1983 年从宁乡黄材镇月山乡转耳仑出土的象纹大铜铙。使用时，口朝上，柄置于座上，轻轻地敲一

象纹大铜铙

商（前 1600—前 1046 年），高 103 厘米，重达 221 千克，整体看就像两片合拢起来的大瓦片，上宽下窄，下附圆筒形甬或者说柄，近口部正中饰一对卷鼻小象，两只小象相互对视着，好像正在交流嬉戏。整个铜铙表面饰有粗大线条组成的兽面纹，细腻精致，是目前发现的商代最大的铜铙，被誉为铙王。1983 年宁乡黄材镇月山乡转耳仑出土，长沙市博物馆藏。

象纹青铜铙

商（前 1600—前 1046 年），通高 70 厘米，
重 67.25 千克，呈土褐色，器表主纹为粗线
条组成的变形兽面纹，左、右、下三边饰 6 鱼、
6 龙和 11 个乳丁，近口部正中饰一兽面，作
牛首状，两侧饰倒垂夔龙，兽面纹两侧各饰
一卷鼻立象。1959 年宁乡老粮仓师古寨山出
土，湖南省博物馆藏。

虎纹青铜铙

商（前 1600—前 1046 年），通高 70 厘米，
1959 年宁乡老粮仓师古寨山出土，湖南
省博物馆藏。

下，它就会发出悠长而动听的声响。

1959 年，宁乡老粮仓师古寨山顶又出土了 5 件窖藏的青铜铙，分别为两件象
纹、两件虎纹、一件兽面纹。其中，象纹青铜铙是目前所见最为精致的铜铙。其
器身的粗犷厚重和纹饰的繁缛精美，兽面的抽象神秘和象纹的写实鲜活，形成了
鲜明对比，让人印象深刻。

18 年后的 1977 年底，老粮仓毫明大队在北峰滩修筑公路时，再次发现一处
窖藏，出土的一只兽面纹铜铙，重达 154 千克。在与此铙出土地点相距五六米的
地方，还发现了一件通高 70 厘米、口部最宽处 47 厘米、重 109 千克的四伏虎兽
面纹铜铙。这只铜铙的独特之处是在口沿内铸有四只圆雕的小卧虎，不同部位能
发出不同的声音。那四只圆雕小卧虎，可能是为了调节音的频率而设。

奇迹还在继续。

1993 年 8 月，宁乡枫木桥乡船山村村民在师古寨山顶劳作时，不经意之中挖出了两件铜铙。同一年里，又在师古寨一椭圆形砂土坑中出土了 10 件铜铙，除 1 件形制纹饰迥异外，其余 9 件形制相同、大小相序。更不可思议的是，这个椭圆形土坑距山脊约 5 米，与 1959 年出土铜铙地点仅仅相距 20 米。通过对另外 9 件铜铙进行测音，考古人员发现敲击每件铙的正面和侧面，都能发出两个不同的乐音，且 C、D、E、F、G 五种调的音俱全，能组合奏出多种不同的调式。因此，基本可以断定，这 9 件铜铙应为一组编铙。

学者们对其用途进行了多方面的探讨，最终的结论是，它们既是演奏当时的流行乐曲的一种实用乐器，也是当时祭祀的礼器。

湖南出土的音乐文物，不仅数量多，品种也不少。1985 年，邵东毛荷殿民安村出土了一件四虎纹青铜镈。可见，当时的湖南先民在青铜乐器的制作和使用方面已然领尽一时风骚。

铙后来逐渐演变成为甬钟，在西周中期以后广泛流传，至春秋战国时期，诞生了令现代人叹为观止的大型编钟。完全可以说，铜铙就是后世编钟的鼻祖。

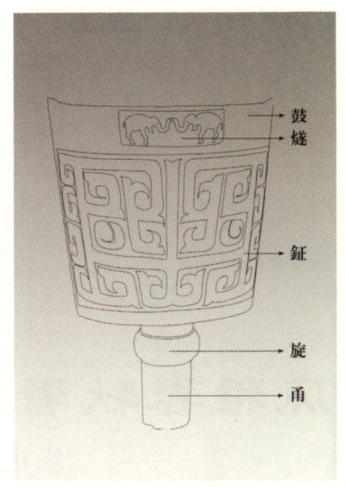

铙各部位示意图

四虎纹青铜镈（20575）

西周（前 1046—前 771 年），高 42.8 厘米、铙间宽 26.5 厘米，1985 年邵东毛荷殿民安村出土，湖南省博物馆藏。

风雅春秋看铜器

——"愠儿"青铜盏上的失蜡法工艺

　　青铜器进入春秋时期后，在形制和工艺上就逐渐脱离了商周时期青铜器那种严肃深刻的宗教神秘色彩，哪怕诸如鼎这种礼仪用青铜器具，其纹理图案也变得通俗易懂而又丰富生动起来。这情形，就好比一个一直站在迷蒙暮色中的倩影，终于在一缕阳光的照射下回过头来，让我们看到了她完全真实的俏丽面容。

　　1986 年，湖南岳阳凤形嘴山 1 号春秋墓出土的一件盛食器"愠儿"青铜盏，

"愠儿"青铜盏

春秋（前 770—前 476 年），高 18 厘米、口径 19.5 厘米，盖内和器内壁有铭文 2 行 8 字："愠儿自乍铸其盖盂。"盖盖中部有环形透空捉手，被三根圆柱为一组的四组圆柱承托着，并由四组形态相同而对称的盘蛇组成二层立体透空结构。器身有两个由蛇盘绕组成的透空兽形耳，足由两条小蛇盘绕而成透空的兽形足。1986 年岳阳凤形嘴山 1 号春秋墓出土，岳阳市博物馆藏。

蛇纹青铜盘

春秋（前770—前476年），通高13.6厘米、口径37厘米，附耳由盘绕的蛇纹组成，纹饰优美。1986年岳阳凤形嘴山1号春秋墓出土，岳阳市博物馆藏。

使用了失蜡法、陶范法和分铸铸接工艺，立体透空结构的部位为失蜡法铸造，后由陶范法浇铸成器，是湖南目前已知最早使用失蜡法工艺制作的代表性器物。

失蜡法是古代青铜铸造工艺的一种先进方法，用以铸造复杂的铸件。具体方法是将易熔的蜡制成蜡模，用细泥浆多次浇淋，做成铸型，利用高温条件下蜡易熔流出、形成型腔的特点，浇铸铜液便可铸成一件器物。目前发现的最早使用失蜡法铸造的器物出土于春秋时期的楚国，这一时期的铜器玲珑剔透，形制优美。

作为湖南人的祖先，楚人不仅重视工艺发展，同时也重视礼乐文明。从岳阳凤形嘴山1号墓出土的鼎、簠、盏、盉、盘、匜，就是典型的春秋时期士级贵族的礼器。

最值得玩味的是配合在一起使用的盘和匜。商周时期的贵族们，每次在祭祀和宴飨时须先洗手，但他们又并不是在盘中直接洗手，而是用匜一类的器皿从上向下浇水，用盘承接。这种洗手的行为，被称为沃盥之礼。有关楚人宴飨之礼，《礼记·内则》是这样记载的："进盥，少者奉盘，长者奉水，请沃盥，盥卒授巾。"

看到这样两件器具，我们似乎就能看到楚人满脸虔诚浇水净手洗去凡俗尘埃的威仪与背影。

东周时期铜器的大量生产，与这一时期先进的采矿技术密切相关。湖南麻阳九曲湾铜矿在开采过程中，不断发现一些已被古人部分开采过的"老窿"矿井和木支柱、铁锤、铁錾和陶器等古遗物。1982年，经考古人员和铜矿工程技术人员联合对古矿井进行全面调查，先后发现古矿井14处，1处为露天开采，其余为矿

牛首青铜匜

春秋（前770—前476年），高11厘米、长22.6厘米，作牛首状，上部为镂空纹饰，由大眼、双角、双耳及数条蛇盘缠而成。1986年岳阳凤形嘴山1号春秋墓出土，岳阳市博物馆藏。

井式地下开采，出产矿石量不少于13万吨。最深一处古矿井斜长近140米，沿着矿脉走向，由上到下进行斜井采掘，巷道弯弯曲曲、宽窄不一，最宽处近6米，最窄处近1米，高度为0.8～1.4米。从保存较为完整的巷道看，当时为了采矿安全，在井内顶部普遍留有一层矿石作天然护顶，采场内留有"工"字形矿柱支撑，在相邻矿柱之间又辅以原木支柱。

从古铜矿源头的探秘可以得知，早在春秋战国时期，楚人的采矿和制铜业已经形成一种繁花似锦的社会文化态势。

动物纹提梁青铜卣

——彰显古越人的崇蛇习俗

1986 年，在湘江流域首次发现的永州市零陵望子岗商周墓葬群遗址，出土了新石器时代晚期至商周时代的大量墓葬、建筑遗迹和陶器等实物资料，委实就是古代百越人——湖南历史上土生土长的土著人日常生活起居的全盘再现。

春秋战国时期，湖南地区的土著居民主要是越人。古越人有崇拜蛇的习俗，这与此地多毒蛇有关。所谓"东越蛇种"，说的是越人自认为就是蛇的后代，现在湖南许多地方仍然流传着"蛇郎的故事"。这种崇蛇习俗，在已出土的青铜器物上有所体现。1988 年，衡阳县赤石乡的一座春秋墓葬中出土的动物纹提梁青铜卣，其形制与中原地区西周时期的铜卣极为相似，

蛇纹青铜尊

春秋（前 770—前 476 年），通高 21 厘米、口径 15.5 厘米，敞口，束颈，腹下垂，圈足；颈部和圈足饰分割成三角形的几何纹，腹部饰蛇纹，每一组纹饰的边缘都饰有鳄鱼纹；口沿饰有一周头部突起、身尾卧伏于器壁上的蛇纹，多为两头相对，其中一处三头相对。这是目前仅见的一件口沿处作如此装饰的尊。1960 年衡山霞流出土，湖南省博物馆藏。

动物纹提梁青铜卣

春秋（前770—前476年），高50厘米、最大腹径38厘米，直口，椭圆体垂腹，高圈足；弧形盖，尖顶方柱抓纽，龙首龙身提梁。通体以云雷纹和几何纹为地纹，腹部以凸起的蛇纹和蛙纹为主纹；上腹两边各施一蜷曲向下的蛇，中间缀一浮雕蛙纹，下腹中部双蛇逆行向上，与上腹蛇纹相呼应。器盖以抓纽为中心，四面各施一镂空扉棱，将器盖等分为四个小区。每个小区内二蛇蜷曲相向，间饰蜥、蛙、龟、蛇、鸟纹。龙身提梁上施有三角纹，三角内施鳞纹。1988年衡阳县赤石春秋墓出土，衡阳市博物馆藏。

但盖上和腹部装饰的蛇纹、蛙纹等，在中原商周同类器物中又是见不到的，应是湘江流域的古越人对中原西周铜卣的一种仿制。这种形制、纹饰相近的铜卣，在湘潭市荆州乡金棋村也出土了一件。

　　1960年衡山县霞流出土的蛇纹青铜尊，也是凝聚着古越人崇蛇习俗的实物。此尊形制，在中原地区常见，多为西周时期，但尊上纹饰，却又不同于中原地区。

　　湘江流域出土的动物纹提梁卣虽然在造型上受中原文化影响，但胎薄质脆，器形轻巧秀丽，全无同时期中原青铜器雄浑凝重之感。尤其是纹饰，无论主纹、地纹均具有越文化的秀雅韵致，且繁缛的地纹与简洁洗练的主纹总让人感觉到一种机巧与灵动。其中的蛇、龟、蜥、鸟、蛙等生灵看似随意点缀，没有法度，却又浑然天成。整个器物的装饰运用浮雕、圆雕、镂空、线刻等多种手法，构思精巧自然，于规整华丽中透出盎然生趣。

除崇拜蛇外，古越人的炊器也别具一格。望城高砂脊遗址 1 号墓出土一件铜鼎，最大特点就是盘口，从现有资料查证，它应是湖南地区土著越人的一种创造。这种盘口鼎在湖南其他地方和两广等地也都有发现，如衡阳市衡南县胡家港的春秋墓葬中出土的盘口鼎。这类铜鼎历经战国和汉代，学界普遍认为它们就是古越人的炊器，被称为越式鼎。

越式铜鼎形制多样，在春秋时期还保留着商至西周以来的立耳。战国时期，部分越式铜鼎出现了附耳，且耳的式样也较多，除常见的长方形耳外，还有半环形耳、牛角形耳等，仿佛我们的古越人是要借助那些抽象的耳，让后人去聆听那个时代的声音。再观其鼎足，也特色独具，春秋时期多为半圆内空，有的为尖足外撇，战国时期多为斜直足外撇。有的鼎身还可以见到烟炱，看那情形，应当是一件实用器具。

而实用，不就意味着一个时代有了更持久的生活温情么？

盘口青铜鼎
西周（前 1046—前 771 年），通高 14 厘米、口径 11 厘米，望城高砂脊 1 号墓出土，湖南省文物考古研究所藏。

W

狩猎纹漆樽

——光彩夺目的楚国漆工艺

狩猎纹漆樽

战国（前475—前221年），高12.5厘米、口径11.2厘米、底径11.4厘米，为筒状造型，一侧置鋬，有三足。1952年长沙颜家岭乙35号楚墓出土，湖南省博物馆藏。

"与王趋梦兮，课后先。君王亲发兮，惮青兕"……

跟随楚王向云梦泽驰去，看看到底谁后谁先。楚王弯弓搭箭亲自发射，围猎把青色犀牛射完。这是《楚辞·招魂》对楚怀王云梦之猎的精彩描摹。这一幕虽然成为屈原留给我们的一个永远的历史记忆，但湖南省博物馆馆藏的狩猎纹漆樽，却再次复活了那个场景。站在这件狩猎纹漆樽前，我们似乎还能依稀听到被楚怀王追杀的猎物们的狂奔声和嘶叫声。

樽为古代盛酒常见之物，漆

狩猎纹漆樽局部

樽在楚墓中尤为多见。曾经有一段时间，学术界一直将之称为"衮"或"卮"，直到一件自带"酒樽"铭文的类似器物出土，它的真实器名和用途才被昭告天下。

此樽在褐色漆地上朱绘三道变形凤鸟纹，将整体纹饰分隔成上下两部分。上部分描绘猎人勇斗野牛：前一人持长戟刺向野牛，后一人作引弓待发状，牛则低首扬角、殊死抵御。画面中的人和动物无一不在激烈地厮杀和跑动，人奔兽跑，真是难得的一幅狩猎场景。下部分则绘有老者牵狗、猎犬追鹿、凤鸟飞奔和两鹤啄食四组图案。物象纷然却繁而不乱，无论人物还是鸟兽皆排列井然，如同清辉朗月下的一幅动态剪影。而这种传神画面的勾魂魅力，都源于天然漆那魔幻般的色泽挑逗与渲染。

中国是世界上最早发现天然漆并利用它髹涂器具的国家，距今已有八千多年的历史。南楚地区气候温和，雨量充足，具有多竹木、多漆源的天然条件，为南楚漆工艺的肆意彰显提供了近水楼台先得月的自然优势。祖先崇拜的传统风俗奠定了楚漆器艺术尚赤崇黑的鲜丽主调。道学与巫风的融会，孕育出楚漆器艺术恢诡谲怪的造型及飘逸生动的图案。尤其是楚国上下蔚然成风的"信巫鬼，重淫祀"的祭神风俗，更是让地处楚国南部边陲的湖南深受其影响。

湖南长沙马益顺巷楚国贵族墓出土的一件精美的虎座凤鸟架鼓，让人们仿佛看到了两千多年前由楚人演绎的巫祀狂迷的绚丽场景，"抱枹兮拊鼓，舒缓节兮安歌"（《九歌·东皇太一》），举槌击鼓，轻歌曼舞……这种楚国特有的悬鼓，敲击演奏主要用于祭祀和宴享。凤鸟华贵伟岸，卧虎瑟缩卑下。楚人崇凤，巴人尊虎，楚人视巴人为宿敌。凤鸟踏虎，其实就是楚人借助自己的信仰图腾对巴人的一种精神还击。此器其绝妙的想象力和高超的艺术魔力，无法不让你心动、心痒、心惊，堪称湖南地区髹漆工艺的经典。

正因为楚人"信巫鬼，重淫祀"，镇墓兽就成了楚文化中又一蕴含神秘意味的葬具。它发源于楚国腹地，也就是现在的湖北当阳、荆州一带，并伴随着楚文化的铿锵强音向南飘荡流淌，在春秋战国之际进入巫风炽烈的长沙地区。长沙浏城桥战国早期楚墓里的镇墓兽，是目前湖南地区所见最早的镇墓兽。早期入湘开发长沙的楚人中，地位最高者可能就是这位墓主人。

因楚人笃信巫鬼，所以要将这类形象怪诞的镇墓兽置于墓中，用以驱邪赶鬼，保护死者安宁。楚人那种对鬼神的敬畏和对灵魂的呵护，在这件镇墓兽上表现得淋漓尽致。

楚人髹漆工艺发达，制漆工序繁复，造价高昂。以木胎漆器为例，由于制木胎工具的改进，卷木胎新工艺随之出现，其胎质用薄木板卷成筒形，接口两端削成斜面，由漆液黏合，木钉铆接，装上把手，再拼接黏合厚木胎盖与底。为了加固，有时还在其器口、底缘等处装金属箍。

虎座凤鸟漆木架鼓

战国（前475—前221年），高115厘米、通长161厘米、宽44.5厘米，以两卧虎为鼓座，两凤鸟为鼓架，髹漆彩绘由多种手法雕刻而成，造型别致典雅，设计巧妙，融声、色、形于一体。1992年长沙马益顺巷楚墓出土，长沙简牍博物馆藏。

木镇墓兽

战国（前475—前221年），通高69厘米，整木精雕而成，兽为单头，两眼圆睁，口吐尖舌，头顶有供插鹿角的两个方孔，可惜已朽。全身髹黑漆，绘有云纹。1971年长沙浏城桥1号楚墓出土，湖南省博物馆藏。

龙凤纹漆盾

战国（前475—前221年），长64.5厘米、宽45.5厘米，1952年长沙五里牌406号墓出土，湖南省博物馆藏。

此工艺既需要精细锋利的刀具，又要求高超技术，成品是一种非常轻巧的漆器，价格不菲，非一般平民所能为之。而狩猎纹漆樽就是采用此法制作而成，其底有铜箍和三个小铜质蹄，表现出南楚人们对木质材料的深刻感悟与非凡巧工。

漆资源的无限拥有和漆工艺的阔步进展，在无形中拓展了楚国漆器的多元用途，皮制漆器有了很大发展。长沙楚墓所出龙凤纹错银饰革制漆盾，就是用双层犀牛皮合制而成，用赫、黄色漆绘出生动的龙凤纹和云纹，并辅以嵌银装饰，这让我们无法不叹服楚人髹漆技艺的高超。楚人实战所用皮革制成的盾，纵中线凸起，有利于分解刺射的力量，可防止箭和矛的伤害。而这些，却恰恰印证了楚人对"矛""盾"的自吹自擂并非空穴来风，佐证了楚人自信和强大的内心。

镂空双龙纹玉璜
——君子无故玉不去身

　　《国语》中有个关于"改玉改行"的故事。

　　晋文公重耳以武力平定周王室内乱，扶立周襄王，功劳很大。襄王想到晋文公不仅有功劳，而且还是自己的叔父，就赏赐给他一片宝地。但是晋文公不接受，而请求允许他死后采用天子葬制。于是，周襄王就对他说："天子只不过是生前死后享用的服饰礼仪不同，表明尊卑贵贱的等级不同罢了。此外，天子和诸侯又有什么区别呢？现在上天降灾祸给我周室，我个人仅仅是个守成的君主，又没有才干而劳驾叔父，如果拿先王规定的葬制来酬谢个人的私恩，叔父还应该憎恶我、责怪我，我个人又何尝舍不得这种葬礼呢？前人有这样的话：'改变佩玉，就必须改变他的地位。'叔父如果能发扬高尚的德行，变更姬姓王朝，创立新制度，从而获得天子生前死后享用的服饰葬礼，我个人即使被流放退避在边远的地方，又有什么话好说呢？如果天下还是姬姓的，叔父还是做周室的诸侯，执行先王规定的职责，那么，葬制还是不可以轻易改动的。"晋文公听后，就再也不敢提出自己的请求了，只好接受赏地，回到了晋国。所以，"改玉改行"就是说改变步子，更改佩玉，使行为更符合礼制。

　　春秋战国之前，玉一直被视为神权、王权之物，进入春秋战国，伴随着奴隶

镂空双龙纹玉璜

战国（前 475—前 221 年），长 8.8 厘米、宽 1.9 厘米、厚 0.2 厘米，中间用镂空分隔，上面两端雕有对称的龙首，以龙口为孔，龙身表面阴刻云纹，下面亦为对称的双首龙，龙头镂空雕琢，同样饰云纹。玉璜两面纹饰相同，中部有一穿孔。1980 年临澧九里 1 号墓出土，湖南省博物馆藏。

制的崩溃和封建制的建立，人们的思想观念空前解放，神权动摇，礼乐从服务和服从于神转变为服务和服从于人，被赋予道德内涵的佩饰玉成为玉器发展的主流。在当时，君子必佩玉，"君子无故，玉不去身"。君子"行则鸣玉佩"。上起君主，下至庶民，无不视玉为珍宝，将佩玉作为不可或缺的装饰。同时，儒家学派还赋予了玉以道德内涵，正如《礼记·聘义》所谓"君子比德于玉""言念君子，温其如玉"，佩玉成为君子规范道德、约束行为的标志。

玉璜就是一种非常经典的弧形佩玉。据《周礼》记载，玉璜是"礼北方"的六器之一，但从湖南出土的春秋战国玉璜来看，没有依据可以证明它作为礼器使用。无论何种形式的璜，都有一至三个甚至更多穿孔，大多出于内棺，位于尸骨周围或骷髅之上。这种现象表明，它们曾为墓主生前饰物，应该用于佩带，故有"佩璜"之称。

随着组玉佩的兴盛，璜多用来作为组玉佩中的珩，起连缀其他玉饰的作用，这也是其上有一孔或多孔的原因。说得更具体一点，其中央只有一个孔的就是璜，有三孔或多孔的就是珩。1980 年临澧九里出土的镂空双龙纹玉璜，应该在玉组佩中起珩的作用。

其实，大型组玉佩在西周时就开始出现，它是由璜、环、璧、动物形佩、珠管等多件玉器串联组成挂在身上的佩饰玉。春秋战国时期的各国贵族，盛行饰以华丽的组玉佩，以表现他们的尊贵。社会地位越高的贵族，所佩戴的组玉佩串饰愈长且愈复杂，制作也愈精巧。而身份低下者，佩饰就变得简单而短小了。这种现象的背后有个很奇怪也很有趣的事实，那就是当时贵族行走的步态。身份越高的人，步子越小，那缓慢的步态也就越能显出其出众的气派，更能体现其翩翩风度。据《礼记》记载，贵族走路时每步的长度是有限制的，如在庄严肃穆的祭祀场合，天子、诸侯在行走时，迈出的脚应踏在另一只脚所留足印的一半之处，大夫的足印则后一个挨着前一个，士行走时步子间就可以留下一个足印的距离了。但对于士这种身份的人，在平时走路，是可以快些的，特别当见到长者或尊者时，还要以碎步疾行表示敬意。由此可知，步履的缓慢，足可衬托出贵族们高贵端庄的身份。

绳索纹环

战国（前 475—前 221 年），直径 4.3 厘米，1980 年临澧九里 1 号墓出土，湖南省博物馆藏。

彩绘漆木俑

漆木俑身上组玉佩佩戴情况，湖北江陵武昌义地楚墓出土。

双面透雕龙纹玉佩
战国（前475—前221年），长15.5厘米、宽5.7厘米、厚0.5厘米，1982年长沙黄泥坑2号墓出土，长沙市博物馆藏。

因此，当时有"改步改玉"或"改玉改行"的说法。其意就是说，越是尊贵的人，步行越慢越短。正是由于步履的不同，佩玉也就不同。如果要改变其步履的快慢长短，就要改变其佩玉的贵贱等级，从而意味着地位的改变。

到了战国时期，"礼崩乐坏"。一些身份较低的士庶便开始公然"逾制"佩带组玉佩，组玉佩的等级观念逐渐淡化，从皇室贵族走向民间，受到全社会人们的喜爱。

蜻蜓眼玻璃珠
——南方"丝绸之路"开通的实物例证

　　史书记载，楚顷襄王（前298—前263年）在位时，楚国有一个很神秘的人物，他就是庄跻。楚国姓庄的都是庄王的后代。庄跻虽然是贵族的后裔，但家道中衰。庄跻曾在郢都发动过一次暴乱，史称"庄跻暴郢"。经过一段时间的殊死搏杀，

玻璃珠、管

战国（前475—前221年），珠高1.6～2厘米，管长4.3厘米、直径1厘米，1975年湘乡牛形山1号墓出土，湖南省博物馆藏。

庄蹻的起义军终因力量悬殊，在郢都地区难以立足。为避开不利局势，庄蹻只好率部下向楚国统治力量相对比较薄弱的西南地区实行战略大转移。经过连日的转战和跋涉，他们穿越现在湖南西北部的楚黔中郡，溯沅江而上，攻克在今贵州东南部的黄平县附近一个叫且兰的小城堡，然后继续西进，打败在今贵州西部的夜郎。可惜那时候的夜郎国还很贫瘠，庄蹻没法在此久

几何纹玻璃珠

战国（前 475—前 221 年），直径 1.8 厘米，上都有几个眼珠纹，每个眼珠纹都由一个蓝色的圆点套上一个或几个白色的圆圈，底是红色或绿色的，看上去就像蜻蜓的眼睛。1994 年长沙复兴街出土，长沙市文物考古研究所藏。

留，不得不穿过夜郎国继续往前挺进。公元前 286 年左右，庄蹻的农民起义军抵达滇国，即现在的云南滇池地区。其时，滇国比较富庶，庄蹻和部队就在这里驻扎下来，并在此称王，号为"庄王"，建立了政权，都城设在如今的云南晋宁。

后来，《史记》的作者、西汉史学家司马迁来到云南北部，听说了庄蹻的传奇经历，不禁感慨万千：周代的各国都绝祀了，唯独楚王还有后人在这里做滇王，这是上天赐给楚人的福分啊！

进入滇池地区后，因为摆脱了战乱，庄蹻开始了一系列的强国方略。他不仅利用从楚地带去的先进生产技术和巫楚文化，沟通了云南和内地的政治、经济联系，还开发了西南边疆。

庄蹻走的是一条横穿云贵高原的古道，东端是楚国的城池郢都，西端是摩揭陀王国的华氏城，也就是现在的印度巴特那市。这条古道东起长江中游，西至恒河中游。这是南方的"丝绸之路"，历史比北方的"丝绸之路"更悠久。

　　多彩蜻蜓眼玻璃珠，就是沿着这条丝绸之路传入古中国的。湖南、湖北两地出土的蜻蜓眼玻璃珠，就是南方"丝绸之路"开通之后中西文化交流的实物见证。

　　这类玻璃珠多与玉璧、玉璜和其他玉佩一起组合使用，是组玉佩中的饰品。它是在玻璃溶液将凝未凝的瞬间迅速粘贴出图案制作出来的，源于更加古老和遥远的西亚。

　　在古代西亚，当地人最崇尚"眼睛文化"，笃信眼睛拥有无限神力，能驱走恶魔，带来平安。因此，古西亚人总是喜欢在身上佩戴这种镶嵌玻璃珠。公元前5世纪左右，蜻蜓眼玻璃珠从西亚传到了南亚，又从南亚传到了中国。传入中国后，这种色彩缤纷、寓意诡奇的西亚玻璃珠，被以好巫著称的楚人视为了珍宝，他们将这种充满魔力的蜻蜓眼玻璃珠仿制出来，将其当作一种权力与身份的文化符号。唯一不同的是，楚人仿制的蜻蜓眼，主要成分是铅和钡，而西亚的玻璃珠主要成分是钠和钙。

　　这种蜻蜓眼玻璃珠能传到楚地，是源于南方"丝绸之路"的开通。

玻璃璧
——楚国宝物"夜光璧"的光芒背后

可能因玻璃璧在夜晚闪闪发光，又被称为夜光璧，历史上有楚怀王送夜光璧给秦国惠文王的故事。

公元前311年，秦国派使者到楚国，想用半个汉中郡交换楚国的整个黔中郡。秦王的真正目的是想让楚国腹背受敌，从而达到吞并楚国的目的。

楚怀王听秦国使者说明来意后，脑子里突然想到了一个人，这个人就是战国时期有名的说客张仪。

张仪最大的本事是帮

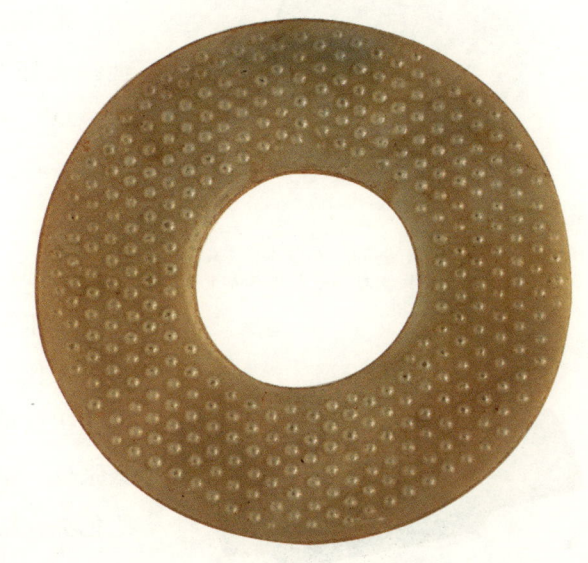

谷纹玻璃璧

战国（前475—前221年），直径8.15厘米、厚0.2厘米，采用压模工艺制造，成分是铅、钡玻璃，绝大多数有纹饰，一面光泽亮丽，另一面则粗涩无光。1965年湘乡红岭17号墓出土，湖南省博物馆藏。

谷纹玻璃环

战国（前475—前221年），直径2.8厘米、孔径1.5厘米、厚0.4厘米，1977年益阳赫山庙出土，益阳市博物馆藏。

柿蒂纹谷纹玻璃剑首

战国（前475—前221年），直径4.5厘米、厚0.5厘米，1953年长沙南门外东塘BM11出土，湖南省博物馆藏。

螭龙纹玻璃剑珌

战国（前475—前221年），长6.1厘米、宽2厘米、厚1.2厘米，1955年长沙下大垅M19号出土，湖南省博物馆藏。

助秦国到各国游说，希望他们与秦国联合起来攻打其他诸侯国，这种政策叫"连横"，是一种用来对抗除秦国外的诸侯国的"合纵"政策。因为楚怀王已经多次受骗，连尝败绩，对张仪早就恨得咬牙切齿，于是想趁机报复，对秦国使者说："我不想得到贵国的土地，而只想要张仪这个人，贵国只要把张仪交给我，我就会把黔中郡送给贵国。"

秦国的使者回咸阳复命。秦惠王正在想要怎样跟张仪开口时，张仪却挺身而出，自愿出使楚国。楚怀王下令将张仪押入了牢房，准备处死。

张仪早就买通了楚怀王的宠臣靳尚。他授意靳尚去找怀王的爱姬郑袖，并将自己早就想好的一套谎言通过靳尚告诉郑袖。于是，见钱眼开的靳尚就找到郑袖，对她说："夫人快要失宠了，夫人您知道吗？"郑袖不知所云，盘问靳尚，靳尚就说出了张仪授意他的那条妙计："大王打算杀张仪，可秦王非常喜爱张仪，很不愿意让张仪出使楚国而遭到杀害，现在为了救张仪，秦王要送六个县给楚国，送一位绝色美女给大王做夫人，送一些能歌善舞的女侍来做陪嫁。以后大王一定看重秦女，看轻夫人了。为夫人着想，您不如劝大王把张仪放走。"

靳尚的胡言乱语，吓得郑袖顿时花容

失色，于是就日夜缠着怀王，想说服怀王放了张仪。郑袖说："作为臣子的人，当然要为他自己的国君所任用。现在，楚国的土地还没交给秦国，秦国便派张仪来，这可算是很尊重大王了，大王不但没有回礼，还要杀了张仪，秦王必定大怒，必定会攻打楚国。"楚怀王听了，觉得郑袖言之有理，便赦免了张仪，而且以贵客之礼回谢了张仪。

然而，张仪却得寸进尺，不达到目的决不罢休，他对怀王说："那些主张合纵的人，联合六国来与秦国争斗，这和赶着一群羊去攻击猛虎没有什么不同。大王应该跟强势的秦国联合起来，而不应该与其他诸侯国为伍。假如秦国的战船顺长江东下，秦国的将士出武关南下，不出三个月，就能攻下郢都。而楚国要等待其他诸侯国的救援，少说也要六个月。如果大王与秦王结好，楚、秦两国互相以太子为人质，秦王送宗女给大王做侍妾，再用万户城邑做嫁妆，这才是大王的万全之计啊！"张仪这番极具煽动性的劝导，竟然让楚怀王无法抗拒其中的诱惑，于是就派使者给秦国送去一种珍贵的犀角"鸡骇之犀"和"夜光之璧"给秦惠王，与秦惠王结下和亲之约。大功告成的张仪，也回到秦国去了。

这类仿玉风格的玻璃器，主要出土于湖南地区。当时的楚人对玉的需求量很大，但湖南地区玉资源严重缺乏，迫切需要寻找代用品。同时，湖南地区具备大量生产玻璃器的条件，其境内的铅、钡等玻璃原材料储量丰富。于是，玻璃璧顺理成章地替代玉璧，得到当时人们的认可。玻璃璧连同其他环、璋、璜、剑首、剑璲、剑珌、诸等种类形制的玻璃器，便在湘楚之地迅速流行开来。不仅有浅绿、乳白、米黄、深绿等五彩斑斓的颜色，与真玉璧酷似，而且具有与玉璧基本相同的功能。

用玻璃仿制的"夜光之璧"，可以当作和亲的国宝，足见其精美和贵重。

《人物御龙帛画》与《人物龙凤帛画》
——中国最古老的肖像图

　　两幅帛画，以地老天荒的年岁，将我们带入古老的国度，感受散发出来的2200多年前的墨彩沉香。

　　这两幅帛画，就是1949年长沙东南郊陈家大山楚墓发现的《人物龙凤帛画》和1973年长沙子弹库一号墓出土的《人物御龙帛画》。它们是迄今为止，考古发现时代最早、保存最完整的人物肖像帛画。其独具特色的线条，在人物形象塑造上为后期各个年代的中国画开启了先河。早在两千多年前，那些职业画工就已经掌握了运用不同的线来体现画面人物的形与质的艺术手法。关于这一传统，甚至可以上溯到青海大通出土的史前彩陶舞蹈纹盆上的图案，而与之一脉相承的，还有长沙马王堆汉墓出土的T形帛画上的轪侯夫人像，唐代阎立本的《凌烟阁功臣图》和明代陈老莲的《屈子行吟图》。

　　楚人埋葬帛画的用意，多数学者认为是基于楚人的灵魂观念。帛画是导引灵魂升天的"魂幡"。当时的人们认为，人死后，附在人身上的魂魄就会与躯体离散，若不召回就会成为孤魂野鬼，享受不到后人的祭祀，还会惊扰后人。因此，必须要让离散的魂魄能够回来与躯体附在一起入葬墓内，这在战国时期葬俗上叫作"招魂复魄"。招魂，便是制作招魂幡，让游魂自己归来。复魄，便是出殡前将灵柩

《人物御龙帛画》

战国（前475—前221年），长31厘米、宽22.5厘米，描绘的是一个男子乘龙升天的情景。男子宽袍高冠，腰佩长剑，手执缰绳，驾驭着一条龙首轩昂、龙尾翘卷的巨龙。龙尾之上立有长颈仙鹤，龙体之下是一条游鱼。帛画中的华盖飘带与男子的衣带随风飘动。整个画面呈行进状，充满了动感与浪漫，被称为中国早期肖像画的杰出代表。1973年长沙子弹库楚墓出土，湖南省博物馆藏。

《人物龙凤帛画》

战国（前475—前221年），长37.5厘米、高28厘米，分上、中、下三层，上层绘一龙一凤，中层绘一高髻细腰、广袖长裙、侧身而立的贵族女子，下层绘一弯月状物。画中的龙、凤、人物以白描为主，间以单色平涂，线条流畅舒展，形象勾勒形神兼备，尤其是龙、凤的动态渲染和人物的静态刻画，形成一弛一张的鲜明对比，具有极高的艺术感染力。1949年长沙陈家大山楚墓出土，湖南省博物馆藏。

在家停放数日，让魄重新附体。一般做法是，灵柩停放在堂上，把画好的被古人称做铭旌的招魂幡竖在柩前。出殡的时候，就举着招魂幡走在柩前，一路引导到地，在经过祭祀告别仪式后，再覆盖在棺上。这样，魂随幡，魄随棺，同入墓内，人的魂魄就永远不会脱离躯体了。

秦汉篇

本书文物分布示意图

（秦汉篇）

龙山县
桑植县
石门县
澧县
津市市
安乡县
临湘市
湘西土家族苗族自治州
张家界市
慈利县
临澧县
华容县
岳阳市
里耶秦简
永顺县
常德市
南县
岳阳县
保靖县
古丈县
桃源县
沅江市
汨罗市
平江县
花垣县
沅陵县
汉寿县
湘阴县
吉首市
泸溪县
安化县
桃江县
益阳市
望城县
"长沙王玺"金印玉圭
长沙王堆汉墓
长沙县
凤凰县
辰溪县
宁乡县
韶山市
浏阳市
麻阳苗族自治县
溆浦县
新化县
娄底市
涟源市
湘乡市
湘潭市
保安花金珠白虎阀
株洲县
醴陵市
株洲市
怀化市
冷水江市
双峰县
正江侗族自治县
中方县
新邵县
邵东县
衡阳县
衡东县
攸县
新晃侗族自治县
洪江市
隆回县
邵阳市
衡阳市
茶陵县
会同县
武冈市
邵阳县
祁东县
衡南县
安仁县
炎陵县
靖州苗族侗族自治县
绥宁县
城步苗族自治县
新宁县
东安县
祁阳县
常宁市
耒阳市
永兴县
资兴市
桂东县
通道侗族自治县
双牌县
新田县
桂阳县
郴州市
宁远县
嘉禾县
蓝山县
宜章县
临武县
汝城县
江永县
江华瑶族自治县
道县
永州市

里耶秦简

——一部解读秦朝帝国的百科全书

秦朝是中国最早的中央集权的封建制国家，看过秦始皇兵马俑的人，几乎都会为那个存在了 15 年的统一帝国的强大与霸气惊叹不已。有关这个朝代行政制度的史料记载存世极少。湘西龙山里耶 36000 余枚秦简的横空出世，才让我们触摸到了这个帝国活生生真切切的场景和细节。

里耶古城曾是楚国西南边陲重要的军事要塞。秦时被沿用作为洞庭郡迁陵县县治，两汉时期为武陵郡下辖的酉阳县。秦末曾一度毁于战火，西汉时期古城进行了再次修筑。

在里耶战国—秦—汉古城址一号井中发掘出来的秦简，是秦王朝洞庭

里耶秦简

秦（前 221—前 206 年），2002 年龙山里耶古城址出土，湖南省文物考古研究所藏。

里耶古城址

郡迁陵县的政府档案，内容包罗万象，涉及户口登记、土地开垦、田租赋税、劳役徭役、仓储钱粮、兵甲物资、道路津渡、邮驿管理、奴隶买卖、司法文书、刑徒管理、祭祀先农和相关政令文书。我们从中看到了已然远去的秦帝国推行的集权制度与各项统一政策，如"车同轨、书同文字"、"统一度量衡"等，通过郡县制和邮驿系统在全国各地得到了行之有效的实施；看到了迁陵县的行政治理与高效运转的每一个真实环节，大到跨省区的人员物资调配，小到祭祀活动结束后祭品的分配和人们一天的粮食用量，处理事务的官吏和经办人员的名字以及事情发生的具体时刻，等等，其中很多记载是历史文献中不曾见过的。

据《史记》《汉书》记载，楚亡国于嬴政二十四年（前223年），当时湘西属楚黔中郡。次年秦将王翦收拾楚国残余势力，平定江南，由那一刻起，湘西便归入了秦人版图。里耶秦简所记载的全部内容即开始于这一年，它们就是秦楚更替的见证，秦王朝很多鲜为人知的故事也一一呈现在我们眼前。

秦始皇二十六年（公元前221年）八月，南郡竟陵县荡阴乡一个名叫狼的人来到洞庭郡迁陵县，以寻找楚国时人们留下的瓦为由，向县政府的主管人员借了一艘船。可狼不守信用，未将船归还，给迁陵县的经办人员惹了一堆麻烦。狼借船的原因，简文中只简单地提到"求故荆积瓦"，也许有更多原因未写明。在无担保或抵押的前提下，其他辖区的人到另一地区借贷，在今天也是不太可能的事。

据文献记载，秦朝祭祀时，参与祭祀的人都可以无偿分享祭品。但里耶秦简告诉我们，祭品也可能是要买的，其中就有这样的记录：一个叫"赫"的刑徒和一个叫"最"的刑徒在祭祀之后出钱买了祭品。这或许是因为他们"刑徒"的特殊身份。

当时，官府规定了每个人的粮食用量，如轻犯刑徒从事修筑城墙等重体力活时，每天早餐半斗，晚餐 1/3 斗粮食；从事其他轻体力活则早晚各 1/3 斗粮食。秦代度量的 1 斗约合今天的 1500克，半食即食半斗，为 750 克；参食即食 1/3 斗，为 500 克。

关于祭祀，还有一个有趣的现象：在一枚较厚的简的两面，同时记有年月日、管理者、经手人、记录者、接受钱粮物品人名及数量，而在简的一侧，刻着表示钱粮数量的刻齿，其刻齿与数量严格对应。其意就是，当事人可以根据抄录的数量对照刻齿，也可根据刻齿读出数量。如果数量与刻齿不相符合，则表明当事人从中舞弊，进而可以据此追究有关人员的责任。对于这样的记录，我们是否可以理解为今天记账用的三联单的最早形态呢？

在秦代，人们用"邮政专递"的方式来传递官方文书以及朝廷政令。其中有一枚写着"迁陵

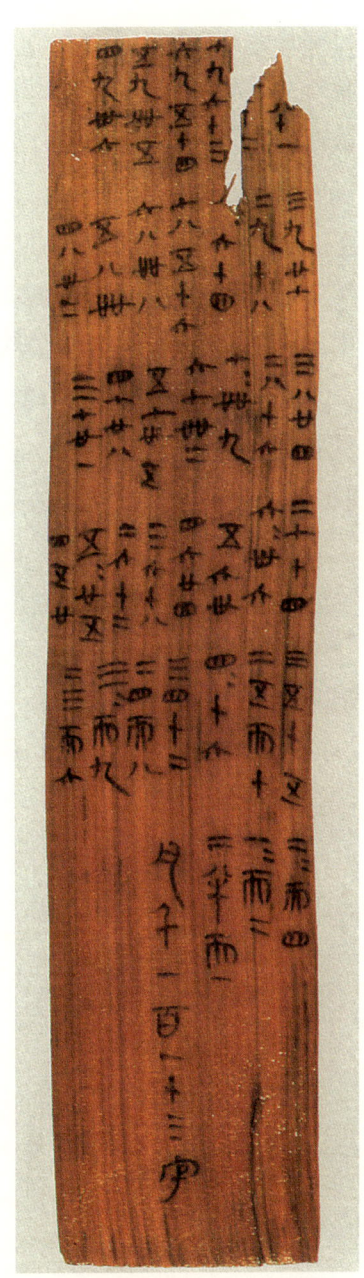

里耶秦简"九九乘法表"

秦（前 221—前 206 年），2002 年龙山里耶古城址出土，湖南省文物考古研究所藏。

已邮行洞庭""酉阳丞印"文字的竹简,相当于我们今天的邮签与邮戳。另有一枚竹简记载,迁陵有个叫"色"的守丞告诉另外一名官员,遵照您的命令,您要的钱和布匹已经开始启运了。这就是说,当时的邮差不仅要肩负传递信件的任务,还要承担送邮包的工作。

尤其值得一提的是,里耶秦简中,有一枚"九九乘法口诀表"。这枚 2200 年以前的秦简,是我国发现最早、最完整的乘法口诀表实物。可见,早在秦朝,中国人就已经熟练掌握乘法交换律,并把它用于社会生活所需的各种计算中。现在,当那些坐在教室里的孩子们在高声朗读乘法口诀表的时候,他们又是否想到过这些口诀表的来历呢?

"长沙王玺"金印的背后

——两汉时期长沙国的兴衰更替

2008 年 12 月 29 日，在长沙河西某房地产开发项目内，值班人员像往常一样对一处鲜为外人所知的大型墓葬进行安全巡逻。因为这座墓葬是在该项目建设过程中被发现的，所以暂由开发商负责安全保卫工作。然而，这一天，值班人员突然发现杂乱的野草间有人为踩踏的痕迹。直觉告诉他，大墓被盗了！

长沙市文物、公安两部门迅速组成了专案组，抽调 70 名精兵强将辗转于 8 省之间，行程数万公里，历时七个多月，于 2009 年 7 月成功侦破此案，抓获犯罪嫌疑人 53 名，收

"长沙王玺"金印

西汉（前 206—8 年），边长 2.2 厘米、高 2.1 厘米，重 90 克，2008 年长沙谷山"长沙王陵"墓出土，长沙市文物考古研究所藏。

"利苍"玉印、"轪侯之印"铜印、"长沙丞相"铜印

西汉初期（前206—前186年），"利苍"玉印：高1.5厘米、长2厘米、宽2厘米；"轪侯之印"铜印：高1.4厘米、长2.2厘米、宽2.2厘米；"长沙丞相"铜印：高1.45厘米、长2.2厘米、宽2.2厘米。1973年长沙马王堆2号汉墓出土，湖南省博物馆藏。

缴涉案文物304件，其中国家一级文物12件，二级文物48件，三级文物89件，追缴了一批涉案物资，彻底摧毁了一个横跨湘、鲁、赣等多省的特大盗墓团伙。

　　在警方追缴回来的文物中，有"长沙王玺""长沙王印"两枚金印，它们均为金质龟纽。经专家们研究，这两枚金印应是刘氏长沙国某代王的印章。

　　汉代长沙国分为吴氏、刘氏两个统治时期。

　　据《吴氏宗谱》记载，吴芮是逃到江西一带的吴王夫差的后裔。由于兵荒马乱，吴芮年轻时组织了一支队伍，保卫四方乡邻，年仅18岁就统领军队达1.7万人。吴芮这支迅速扩大且影响力也越来越大的地方武装，引起了秦王朝的重视。为稳定南方局势，阻止百越地区背叛，秦王朝封吴芮为番阳令，但不给任何财政支持，也不要他纳税，只要他们在管好自己的同时帮朝廷维持百越地区的秩序。由于番阳令吴芮满身正气，因而深得民心，被尊为"番君"。

　　项羽败亡后，吴芮毅然归汉，拥戴刘邦为帝，成为西汉的开国元勋。公元前202年，汉高祖刘邦正式称帝，封吴芮为长沙王。从此，湖南历史上出现了第一个诸侯王国，长沙第一次成为王国都城。"楚南雄镇"发展为汉藩王都，长沙开始以"楚汉名城"显扬于世。

　　汉初长沙国的疆域，基本上就是秦朝长沙郡的范围。据《汉书·地理志》等史籍记载和1973年发掘的马王堆西汉墓第3号墓出土的一幅《长沙国南部地形图》得知，共辖13县。吴氏长沙国是西汉王朝最忠诚的诸侯王国，政治上始终臣服于朝廷。刘邦所封八个异姓诸侯王中，臧荼、韩信、英布等七个诸侯王先后全部被消灭，唯独吴氏长沙国因自始至终效忠汉室朝廷并具有抵御南越国的作用而被保留下来。直到公元前157年，其五世孙吴著死后无子继位，才被撤除，共传5代，历时46年。

西汉所置各王国，除诸王世代承袭外，丞相都由中央直接委派，掌握封国的实权，是各王国的最高行政长官。西汉初期，长沙国丞相多封侯，且爵位较高。这就从一个侧面看到了长沙国地位的重要和西汉王朝对湖南政局的关注。长沙马王堆2号汉墓墓主利苍就是长沙国第三代王吴回和第四代王吴右的丞相，墓里出土的"利苍"玉印，"长沙丞相""轪侯之印"鎏金铜印，就是这段历史的实物见证。

历史的潮涨潮落，让人无法预测，也无法更改。公元前155年，汉景帝之子刘发出任长沙王，长沙国自此由刘氏长沙王管辖，直到西汉末年王莽篡位，长沙国才被废除。公元26年，东汉光武帝刘秀又恢复了长沙国。可是，刚刚浴火重生的长沙国，还没来得及充分展示她昔日的美丽与优雅，在公元37年又被废除了。

"长沙王印"金印

西汉（前206—8年），边长1.65厘米、宽1.6厘米、高1.65厘米，重32.5克，2008年长沙谷山"长沙王陵"墓出土，长沙市文物考古研究所藏。

幸好，经历过种种风云变幻和沧桑流变的长沙国，还给我们留下了一些深埋在历史故土里的久远的记忆。

1949年，长沙市桂花园枫树坪出土"长沙元年"铜鼎，口沿下有一圈铭文"刺庙铜鼎一容斗五升有盖并重十五斤六两长沙元年造第三"。此鼎为长沙王府宗庙中的礼器，而且是成套铜鼎中的第三件，铭文为"长沙元年"。2006年，望城凤篷岭一号汉墓也出土1件有"长沙元年"铭文的铜灯，说明汉代长沙国已经有自己的纪年。但它们是属于哪一个长沙王的"元年"，却又成了一个让史学家既兴奋又困惑的哑谜。

素纱禅衣

——汉代高超纺织工艺的极品

就在我们对现代服饰时尚的追逐越来越疯狂的时候，一件两千年前的素纱禅衣的重现，像一面厚重宽广的屏障，把我们所有的时尚定义都挡在了时光之外。

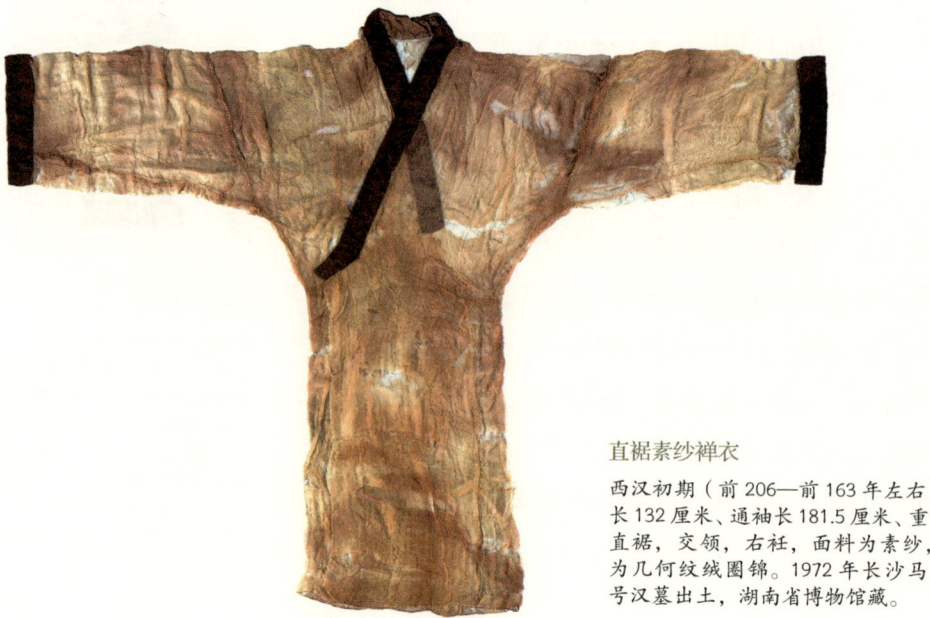

直裾素纱禅衣

西汉初期（前206—前163年左右），衣长132厘米、通袖长181.5厘米、重49克，直裾，交领，右衽，面料为素纱，边缘为几何纹绒圈锦。1972年长沙马王堆1号汉墓出土，湖南省博物馆藏。

长沙马王堆 1 号汉墓出土的 3 件禅衣中，两件薄如蝉翼、轻若浮云，一件 49 克，另一件 48 克，是中国目前发现最早、最薄的纺织珍品。据专家们测试，这两件禅衣若除去厚重的锦缘边，其重量仅半两多一点。两千年前的人们究竟是如何织出如此神奇的衣物的呢？

金银色火焰纹印花纱

西汉初期（前 206—前 163 年左右），长 64 厘米，幅宽 48 厘米，1972 年长沙马王堆 1 号汉墓出土，湖南省博物馆藏。

在汉代，丝织品原材料几乎都是家蚕丝，极其精细，一根长达 900 米的纤维重量仅为一克。在《汉书》《后汉书》等文献中，这种纱被称为"雾縠"，有"其轻若云雾也""细如雾""纱薄如空也"等记叙。以往我们总是怀疑史书记载纱"轻若云雾"是夸张之辞，但从马王堆汉墓出土的 3 件禅衣和 7 件纱料来看，确实如此。

共和国的第一任总理周恩来与素纱禅衣曾有一段有趣的佳话。

当时，周恩来在批阅《马王堆 1 号汉墓发掘报告》时，细心地发现了一处最关键的笔误，报告中居然将素纱禅衣的"禅"写成了"禅"。禅衣是指僧人穿的衣服。周恩来发现报告中这个错误后，就在"禅"字上加了一点，修正了这个具有本质意义的文史错误。随后，为了不使这一稀世珍品失传，周恩来又特别指示，要求组织力量研究素纱禅衣的织造工艺。后来，这个神圣的使命交给了南京市云锦研究所的研制人员，由他们承担这件文物的复制工作。可是，他们花了整整 20 年时间，才制作出一件素纱禅衣，虽然外观、色彩、尺寸、手感、质感都和原物一模一样，但是比原物重了 0.5 克。这看似不足挂齿的 0.5 克，却像一段遥远的历史距离，让每个参与研制的人因为无法跨越这段微小而又遥远的距离而留下无尽的感慨与遗憾。

长沙马王堆汉墓出土的纺织品，出土时大多存放在竹箱子中，达数百件，色彩绚丽、工艺精湛、种类齐全，包括绵袍、夹袍、单衣、单裙、手套、夹袜、鞋子、绣枕、枕巾、几巾、香囊等四季服装、起居用品、衣物饰品和丝织面料。织物品

漆纱缅冠

西汉初期（前206—前168年），长24.4
厘米、宽26厘米、垂翅长8厘米，1973
年长沙马王堆3号汉墓出土，湖南省博物
馆藏。

朱红菱纹罗丝绵袍

西汉初期（前206—前163年左右），衣
长140厘米、通袖长245厘米、腰宽52
厘米，1972年长沙马王堆1号汉墓出土，
湖南省博物馆藏。

印花敷彩纱丝绵袍

西汉初期（前206—前163年左右），衣
长132厘米、通袖长228厘米，1972年长
沙马王堆1号汉墓出土，湖南省博物馆藏。

种有绢、纱、罗、绮、锦等，制作工艺有印染、刺绣、印花、彩绘等，全面反映了汉初的纺织成就和工艺水平。其中，有以前考古从未发现过的丝质手套、夹袜，有迄今为止发现的最早的丝织保健药枕，有最早的三版套印花织物金银色火焰纹印花纱，有最早的印花和彩绘相结合的丝织物印花敷彩纱，有最早经过踹碾轧光整理的麻织物和最早的平针刺绣品树纹铺绒绣，等等。无数个第一和中国或世界"之最"，赢得了汉代中国作为西方人心目中"丝国"的美誉。

汉代纺织虽需手工操作，但已出现了纺车、布机、提花机等纺织机械，朝着技能专业化方向迈进，工艺日益复杂，从缫丝、捻丝、纺线，到织、印、染、绣，每个环节都开始发展出日益复杂的专业技能。汉代王逸《机妇赋》就有"高楼双峙，下临清池""一往一来，匪劳匪疲"的关于提花机的传神描述，指的提花装置的花楼与提花束综的部件相对峙，挽花工坐在三尺高的花楼上，按设计好的"虫禽鸟兽"等纹样来挽花提花，俯瞰光滑明亮的万缕经丝，犹如"下临清池"一样，制织的花纹历历在目……将提花机的作用原理和提花过程描绘得惟妙惟肖。

李约瑟博士认为，西方的提花机就是从中国传去的，使用时间比中国晚四个世纪。

奏乐木俑
——中国最早的家庭乐队标本

1972 年，长沙马王堆 1 号汉墓出土的奏乐木俑，让我们看到了古乐演奏的迷离倩影。

秦汉时期，官府不仅四处搜集秦本土民乐，还兼收了西域、北狄等边远民族的音乐，并在此基础上，对搜集来的民乐进行整理、加工、填词，以供宫中祭祀、宴乐之用。1977 年，在秦始皇陵墓附近出土的编钟上，就有用秦篆刻记的"乐府"两字。

"乐府"是管理音乐的机构，汉高祖刘邦沿袭秦制，将乐府保留下来。出身低微的汉高祖刘邦，不仅对当时称为楚声的南部中原民间音乐情有独钟，而且还根据楚声音调自作歌乐。《史记》中就有这样的描述：高祖平定天下之后，一次路过家乡沛郡（今江苏沛县），特置酒宴，酣畅之时，高祖一边敲击着一种叫作筑的乐器，一边放声高歌："大风起兮云飞扬，威加海内兮归故乡，安得猛士兮守四方？"

后来，汉武帝刘彻又试图通过乐府机构采集民歌，让其成为触摸和洞察民情的一道政治窗口。于是，"感于哀乐，缘事而发"的民歌和民乐，就像一棵参天大树，在汉武帝大力推崇天空下，凭借政治的养分，长得更加茂盛，更加生机盎然。

奏乐木俑

西汉初期（前206—前163年左右），高32.5～38厘米，是我国目前所见最早的小乐队模型，共有5个，其中2个吹竽，3个鼓瑟，均屈膝跪坐，低额高鼻，墨眉朱唇，身着交领右衽长袍。1972年长沙马王堆1号汉墓出土，湖南省博物馆藏。

　　公元前6年，崇尚雅乐、厌恶俗乐的汉哀帝刘欣认为，乐府的音乐都是些不正经的乐歌，便下令废除了乐府。尽管乐府作为官府机构被废，但废除的只是它的枝叶，并没斩断它的根须。

　　汉代的乐队编制规模因社会地位不同而异，演奏的乐器除了竽、瑟之外，常见的还有弹奏的琴，吹奏的笛，打击的编钟、编磬以及击弹的筑等等，日常生活中多以几种乐器的相互组合为主。一些达官显贵拥有的乐队，规模可达二十人左右，而巨商、富裕家庭使用的乐队，一般都是八九人，少则三五人。从目前考古资料来看，七八人以下组成的演奏乐队占大多数。

　　战国至秦汉之际，盛行"竽瑟之乐"。竽瑟之乐是当时统治者歌舞宴饮场合中常见的一种器乐演奏形式。马王堆1号汉墓出土的竽，保存完整，有22根竽管，但竽管与吹口之间却不能通气，上端没有气孔，斗内没有气槽，也没有用于控制音高的簧片，只是一具乐器模型。而三号墓出土的另外一件竽，虽然外表残破，但内部结构却比较完整，是目前世界上发现的最早的竽，仿佛昨日吹奏，余音还萦绕在耳畔。

瑟是我国古老的民族乐器，其起源可以追溯到远古时代，相传是华夏始祖伏羲氏发明的。至商周，古瑟已流行于华夏大地，在先秦古籍中经常与琴并称。《诗经》中有对它的描写，常常是琴瑟并称，如《小雅·常棣》："妻子好合，如鼓瑟琴。"《郑风·女曰鸡鸣》："琴瑟在御，莫不静好。"用来比喻恩爱和谐、感情笃深的夫妻。1993年，长沙国某代王后渔阳墓出土了2件瑟，其中1件龙纹瑟是目前所见汉代最精致的瑟。瑟有两种弹奏方法，一是横瑟于膝前，双手并弹；二是将瑟一端置于膝上，另一端斜置于地，右手弹膝上一端的弦，左手按瑟面中部的弦。

马王堆汉墓黑地彩绘棺上怪神吹竽图

马王堆汉墓黑地彩绘棺上怪神鼓瑟图

二十五弦龙纹瑟

西汉（前206—24年），长124.4厘米、宽41.6厘米、高6厘米，瑟面中央用绿松石镶嵌一条盘绕的飞龙，四面镶嵌着用硬木镂空的各种动物图案，其纹饰图案与装饰工艺仅为汉代乐器中所见。1993年长沙望城坡长沙王后"渔阳"墓出土，长沙简牍博物馆藏。

七弦琴

西汉初期（前206—前168年），长81.5厘米、宽12～12.6厘米、通高13.3厘米，1973年长沙马王堆3号汉墓出土，湖南省博物馆藏。

竽

西汉初期（前206—前163年左右），通长78厘米，1972年长沙马王堆1号汉墓出土，湖南省博物馆藏。

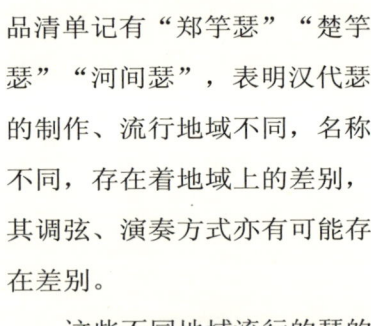

马王堆汉墓出土的随葬品清单记有"郑竽瑟""楚竽瑟""河间瑟"，表明汉代瑟的制作、流行地域不同，名称不同，存在着地域上的差别，其调弦、演奏方式亦有可能存在差别。

这些不同地域流行的瑟的出土，似乎依然能让我们听到那个时期的音乐的袅袅余音。

彩绘龙纹五弦筑

西汉（前206—24年），长93.5厘米、高13厘米，1993年长沙望城坡长沙王后"渔阳"墓出土，长沙简牍博物馆藏。

帛书《五十二病方》

——迄今所见最早、最完整的古医方专著

那一件件发黄且残缺的绢帛或竹木上，居然隐藏着那么多中国医学最早的传世精华。如果华佗再世，他会发出怎样的惊叹？如果扁鹊再世，他将面露怎样的惊喜？

马王堆汉墓出土的 15 种医书，写在绢帛上的有 11 种，写在竹木上的有 4 种。看着这些涵括预防医学思想、医药理论、医疗方法和方剂等内容的医学典籍，联想到中国医学潺潺流淌的源头，我们热血沸腾。

帛书《五十二病方》是迄今所见最早、最完整的古医方专著，也是马王堆汉墓出

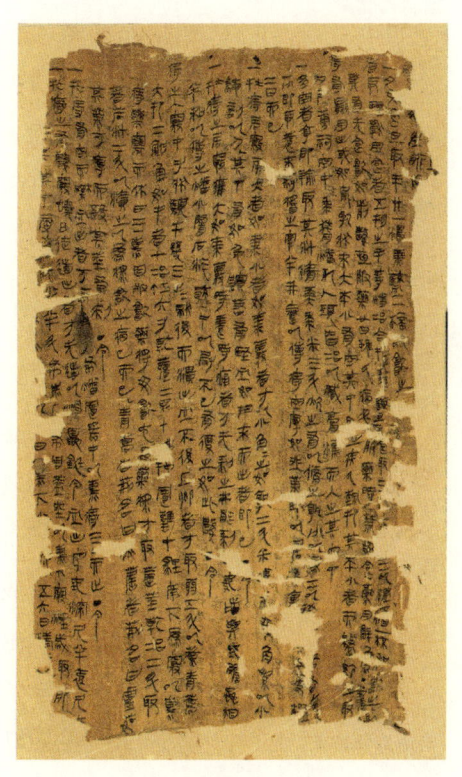

帛书《五十二病方》（局部）

西汉初期（前 206—前 168 年），残片长 31 厘米，宽 18 厘米，1973 年长沙马王堆 3 号汉墓出土，湖南省博物馆藏。

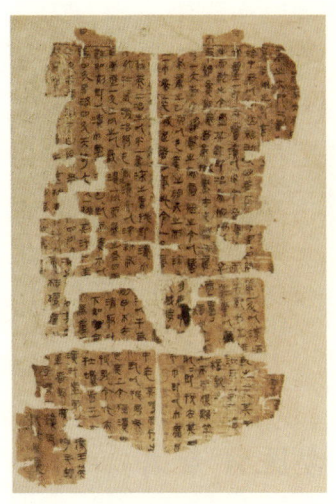

帛书《养生方》（局部）

西汉初期（前206—前168年），长56厘米、宽31厘米，1973年长沙马王堆3号汉墓出土，湖南省博物馆藏。

帛书《足臂十一脉灸经》（局部）

西汉初期（前206—前168年），长31厘米、宽16.3厘米，1973年长沙马王堆3号汉墓出土，湖南省博物馆藏。

土医书中内容最全面的一种，抄写年代在秦汉之际，洋洋洒洒足有1万多字。它详细记载了医方283个，其中涉及内科、外科、妇科、儿科和五官科等治疗的医方103个。书中的254种药名，居然有将近一半是我国现存最早的药物专著《神农本草经》里也不曾有的。在各科疾病记载中，最多的是外科疾病，书中记明治疗某些外科或皮肤科疾病时，强调要清洗患处，对附有脓血或坏死组织的疮面要加以清理，然后敷药，有的方子还指出了不要用手直接敷药。特别值得注意的是，书中还提到了外科手术。例如，用点燃的草绳烧灼皮肤上的小疙瘩疮等，甚至还有一套完整而且成熟的割除痔疮的外科手术案例。其大意是：如果病人直肠内长了痔疮或瘤子堵住了肠道，就将狗的膀胱套在空心的竹筒上，插入病人的肛门中，吹胀后将病人直肠中的患部引出，然后用刀割去溃疡，敷上消炎止痛的黄芩。病人出现直肠脱出而不能自动复位的情况，就用膏油涂在直肠上，使其润滑。如果直肠仍不能够复位，再将他头朝下吊起来，利用地心引力让其复位。如果还是不行，就用一盆凉水对着患者的胸、腹部泼去，病人在突然而至的凉水的刺激下，会不由自主地猛吸一口气，直肠就回复到腹腔里了。

这种引痔瘘于肛门之外切割的方法，手术设计巧妙，具有一定科学性，反映了我国秦汉时期的外科学成就。

帛书《养生方》是世界上现存最古老的有关养生学的专科文献，记载了包括防治衰老、增进体力、滋阴壮阳、性保健等医方80多个。其中特别值得今人借鉴的是对饮食疗法的强调。俗语说，药补不如食补，从食品中汲取营养、祛除疾病可谓是有百利而无一害。《养生方》中不仅记载了多种用于食补的食品名称，而且指出长期有计划、不间断地坚持服用，必能强身健体、长寿美容，与现代医学观点是一致的。有一方子说，如果平均每天早晨在饭前服用两个甜酒鸡蛋，坚持吃21天42个，就能使身体机能得到振奋并容颜秀美。看着这样的药方，我们甚至怀疑这是不是一个老中医刚刚开出的。

那些早已远去的老祖宗，我们当然无法知道到底是谁，但他们留给我们的这些古老的药方，却并没有受到任何时光的阻隔。《足臂十一脉灸经》是古代灸法临床经验的医疗专著，很有临床实

帛书《胎产书》
西汉（前206—前168年），长48厘米、宽34厘米，1973年长沙马王堆3号汉墓出土，湖南省博物馆藏。

用价值，比秦汉之际成书的《黄帝内经》更早，是迄今为止最古老的医学抄本。这本书把人的经脉分成了十一条，并为其确立了名称、路径和生理、病理特点，介绍如何用灸法来治疗疾病。其中，有一条关于脉象诊断的记录，即"揗脉如三人参舂，不过三日死"。意思是说，如果病人的脉搏就像有三个人手执木棒一起舂米，那么此人离死不远矣，最多活三天。这种现象在西医中被称为"三联音律奔马律"，由英国医学家特劳伯氏于1872年提出并应用于临床诊断中。殊不知，早在2000年前的中国，就有不知名的医生对这种病例给予了如此生动形象的描述。

除了这些，还有有关生育医学的《胎产书》，记载了逐月养胎法、生男生女的选择、如何胎教以及不孕妇女求子法等内容，虽然有些观点夹有那个时代明显的迷信成分，但其对择时受孕、胎儿发育、孕期调养及产后保健等跨时空的论述，至今对中医学还有不可忽略的借鉴价值。

《导引图》解读
——中国最古老的健身体操

早在春秋战国时，以呼吸运动为主的"导引"方法已相当普遍。它通过一系列动作疏导气血、引伸肢体，是呼吸运动和肢体运动相结合的医疗保健运动，更通俗地说，就是气功。到了汉代，导引疗法又得到进一步发展。

《导引图》
西汉初期(前206—前168年)，长133厘米、宽51厘米，1973年长沙马王堆3号汉墓出土，湖南省博物馆藏。

《导引图》临摹图

　　长沙马王堆汉墓出土了一张世界上现存最早的医疗保健体操图——《导引图》，绘有 44 幅形态各异的健身运动彩色图形，旁边配有解说文字，有些是描绘运动的姿态，有些是说明该运动姿态所模仿的动物，还有的是这种运动所针对的病症。因为实物残缺，实际能看出文字的只有 31 处。比如第三行顺数第四图，一个妇人手拿一根长棍，弯腰下俯，双手呈直线状极力展开，旁边有一行文字"以丈通阴阳"。"丈"与杖通用，指图中的棍棒，说明这个动作可以达到阴阳调和的目的；再看第一行第四图，图中人物双手向上斜举，翻身向下，两眼注视一个像盘子的东西，动作和武术中的螳螂拳有些类似；还有第三行最后一幅图，人物上身挺立，转体向右，下肢屈膝，一旁写有"引膝痛"，意即这个动作可以治疗膝盖疼痛。看来，中国古代的导引术到了汉初已逐步成为一套完整的医疗保健体操，说明早在两千多年前，中国在医疗体育领域已经达到较高水平。

　　在马王堆汉墓出土的帛书中，还有一本奇书《却谷食气》，这是目前所知最早的关于气功的真正专著。书中提到了以调整和改善呼吸为主的"六气"呼吸养生法和"呴吹"呼吸养生法。这一功法对后世有很大影响，传世文献称这种功法为"断谷食气""辟谷服气""服气绝粒""蛰法"，练这种功不吃五谷而只吃代用品，通过呼吸有益于人体的空气维持生命，可治头脑沉重、四肢无力、疼痛等病症，祛病延年。其中提到只吃一种叫石韦的东西，可能是一种药名，也可能是某种气。这种功法的流行趋势，还可从大量见于汉代铜镜的一种铭文"渴饮玉泉饥食枣"去推测。铜镜是民间最常见之物，在镜上铸这种铭文，显然是迎合世俗偏好以促销。

东汉名医华佗也曾吸取《导引图》和《却谷食气》中的医学原理，结合自己的研究成果，创造了一套"五禽戏"保健体操。据说，其弟子吴普因每天做五禽戏且长年不断，"年九十余，耳目聪明，齿牙完坚"。据考证，现今流传的"易筋经"基本动作，都能从《导引图》中找到原型。

从这些明确记录的文字中，不难看出，中国古代医学家和养生学家早在两千年前就已建立了如何增强自身防御能力以及治病、强身、延寿的科学概念，形成了合理利用自然界优质空气环境的理论和实践。尽管书中的许多理论有待生理学、临床学的检验，但中国古代医学家的聪慧才智，不能不让二千多年后的我们钦佩。英国科学家李约瑟博士认为，西方现代的医疗体操，实际上就是从传入欧洲的中国早期体操演变而成的。

帛书《却谷食气》（局部）

西汉初期（前206—前168年），1973年长沙马王堆3号汉墓出土，湖南省博物馆藏。

《五星占》与《天文气象杂占》
——世界最早的两部天文专著

据文献记载，战国时代，楚国有一位叫甘德的天文学家，与魏国一个名叫石申的天文学家共同撰写了一部《星经》，史书称其为《甘石星经》，书中列出的星表是世界上最古老的星表。然而，遗憾的是，这部杰出的天文典籍早已失传，我们今天能看到的，只是唐宋天文学家借助甘德和石申的名字编撰的《甘石星经》。

长沙马王堆 3 号汉墓出土的《五星占》，据专家考证，其中一部分内容就是战国时期《甘石星经》的内容，是以五星行度的异常和云气星彗的变化来占卜吉凶的术数类帛书。

汉代之前，无论帝王将相还是平民百姓，无不迷信巫术。殷商时期，人们通过龟甲牛骨上被火烧出来的裂缝的走向来占卜吉凶；到了汉代，以观察天象变化来占测吉凶、趋利避害的占星术开始流行起来，客观上促进了我国天文学研究的进一步发展。《五星占》前半部为金、木、水、火、土五星的占文，后半部为五星行度表，根据观测到的景象，用列表的形式记录了从秦始皇元年（公元前 246 年）到汉文帝三年（公元前 177 年）这 70 年间木星、土星、金星的位置以及这 3 颗行星在一个会合周期的动态。其中，金星会合周期为 584.4 日，比今测值 583.92 日只大了 0.48 日，误差只有万分之几；土星的会合周期为 377 日，比今测值 378.09 日只小了约 1.09 日；恒星周期为 30 年，比今测值 29.46 年只大 0.54 年，其精确度令人惊讶。帛书中还谈到金星的 5 个会合周期刚好等于 8 年。

大约 2000 年后的 1879 年，法国著名天文学家弗拉马立翁出版的《大众天文学》也谈到了这个问题。他说："金星的 5 个会合周期是 8 年减去 2 天 10 小时。"如此缜密的五大行星运行记载，在汉初还没有任何精密天文仪器的情况下简直有点令人不可思议。可见，那时的天文学家已经能熟练地利用速度乘以时间等于距离这个公式，把行星动态的研究和位置推算有机地联系起来。

《五星占》仅从下埋年代算起，距今已经 2100 多年了，其撰写年代无疑会更早。学者们认为：这部书的成书年代最迟约在公元前 170 年，比《淮南子·天文训》的写成时间早 30 年，比史学鼻祖司马迁的《史记·天官书》早约 90 年，而且保持了原汁原味，不像加上了后人解说的传世著作。

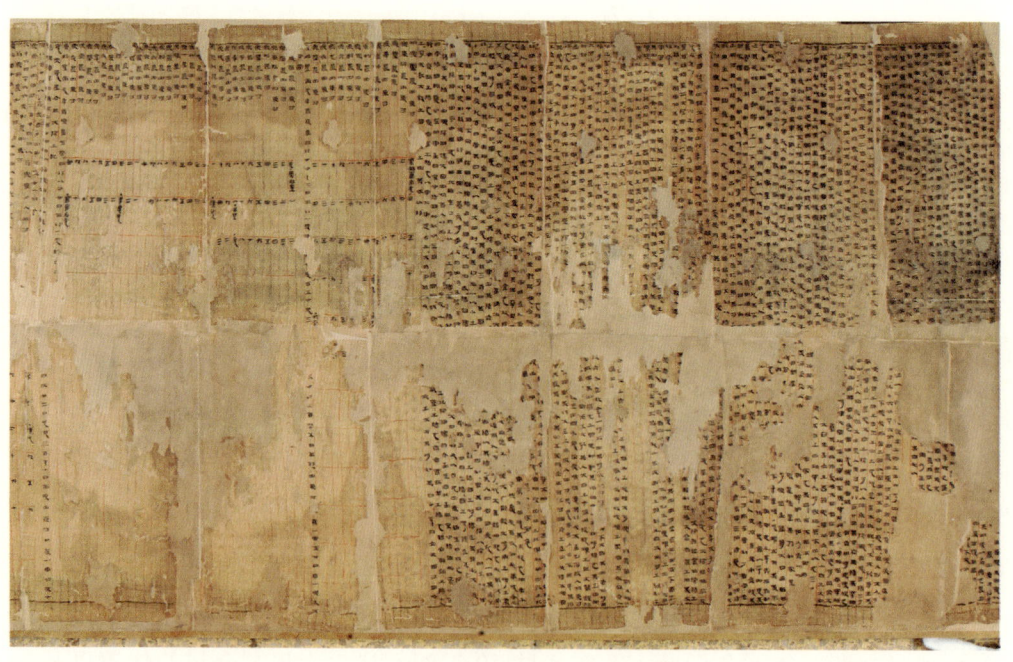

帛书《五星占》（局部）

西汉初期（前 206—前 168 年），长 221 厘米、宽 49 厘米，1973 年长沙马王堆 3 号汉墓出土，湖南省博物馆藏。

马王堆汉墓出土的另一部天文学著作帛书是《天文气象杂占》，是一种利用天象来占验灾异变故、战争胜败的书籍。书写字体近于篆体，抄写时间应为汉初数年间，成书年代可能更早些。书中云图部分，将楚云排列在战国群雄之首，并以楚人的口气叙事，很可能是战国时期楚人的作品。

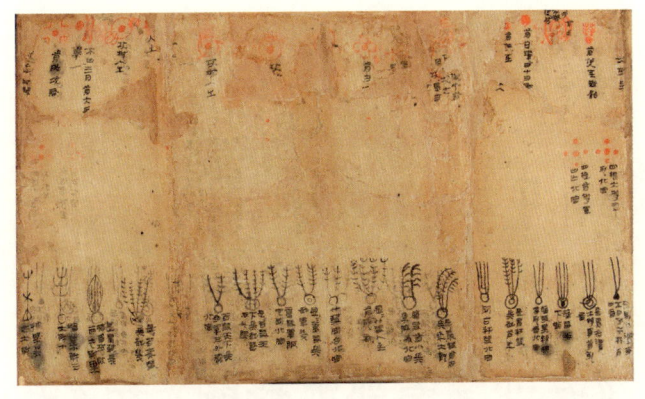

帛书《天文气象杂占》（局部）

西汉初期（前206—前168年），长150厘米、宽48厘米，用朱墨两色绘有云、蜃气、晕、虹、恒星、彗星等各种天象图约有250幅，附有简短的文字说明，内容包括图像的名称、解释、占文等，占文多是些巫术和迷信味很浓的东西，自上而下排成6列，每列自右而左分为若干行，共约300行，卷末另有3列内容相似的占书，1973年长沙马王堆3号汉墓出土，湖南省博物馆藏。

《天文气象杂占》一面世，便改写了世界天文学史上关于彗星图出现时间的记录。在国外，直到公元66年，中国东汉明帝在位的时候才有一幅记录耶路撒冷上空的彗星图，两图相比，中国的《天文气象杂占》的彗星图不仅时代早，而且内容也更丰富和精准。书中记载彗星29条，其重点是表示各种彗星的形态。将彗星分成彗头、彗尾两部分。彗头画成一个圆圈或圆形的点，圆圈中心又有一个小圆圈或小圆点，被称为彗核，彗尾都有大小不同的弧度。这些彗星图都是头朝下，尾朝上，这是因为彗尾总是背着太阳的缘故。在国外，这一规律直到1531年才由欧洲人波特尔·阿毕安发现，比中国晚了1700多年。书中还有最后一条彗星没有彗尾，四面伸出四条臂，表示光芒四射之意，说明当时已知道没有彗尾的彗星了。

该书还有一个很诗意的现象，那就是彗星的名称都以植物命名，如蒲彗、竹彗、蒿彗等，不仅让我们看到了2100年前中国观测彗星所取得的惊人成就，标志着我国已经步入古代彗星研究的里程碑时代，也表明了我国古代天文学研究者的浪漫情怀。

《长沙国南部地形图》和《长沙国南部驻军图》
—— 制图学史的里程碑

  长沙马王堆 3 号汉墓《长沙国南部地形图》和《长沙国南部驻军图》的出土，将我们的思绪拉回到了 2100 年前。

  西汉初期，割据岭南的南越王赵佗向长沙国南部发起进攻，朝廷及长沙国随即派兵征剿，战争一直持续至文帝初年。这两幅地图也许就是墓主参与指挥这次征战使用过的军事地图。绘制方位均为上南下北，左东右西，与现代地图恰好相反，是目前所知中国迄今为止发现的最早、编制最准确的地图，因其绘制年代距今已有 2100 多年，真可谓是地理文献发现的里程碑。

  色彩艳丽略呈橘黄色的《长沙国南部地形图》，主区为汉初长沙国南部 8 县，即今湖南南部道县及潇水流域、南岭、九嶷山及附近地区。邻区是汉初南越国的辖地，涵盖今天的广东大部分和广西小部分地区，南界到达广东珠江口外的南海。图中标出了 8 个县城和 50 个乡里，其主区比例约为 1：180000，相当于汉代的"一寸折十里"。图上所绘河流骨架、流向及主要弯曲等，均和现在地图大体相似；所绘山脉坐向、山体轮廓、范围及走向也大体正确，山脉采用闭合的山形线表示，与现代的等高线相似，图中九嶷山脉用水平山形线和陡崖符号相配合，这种设计欧洲大约在 13 世纪后才出现；九嶷山图形的西侧注有"帝舜"两字，这与舜帝死后葬在九嶷山的传说也很吻合；图上绘有 30 多条河流，其所在位置水系结构特征与今天地形图上的水系也大同小异；居民点均有名称标注，县级用方框，乡里用圆圈；县城与居民点之间连通的道路20多条，多数以实线表示，山间小路用虚线表示。

　　《长沙国南部驻军图》所绘的是《长沙国南部地形图》的东南局部放大，据专家们仔细分析考证，这幅图描绘的是长沙国南部驻军的情景。驻军营地、防区

《长沙国南部地形图》

西汉初期（前206—前168年），长97厘米、宽93厘米，测绘的是今湖南、广东、广西三省交界之地，约在东经111°～112°20'，北纬23°～26°之间的范围内。1973年长沙马王堆3号汉墓出土，湖南省博物馆藏。

前线用深色线条，而河流、山脉等地理基础则用浅色表示。散落图中各处的圆圈，代表的是缧，相当于现在的村落。四方框表示的是县城。兵营则画成多种不规则形状。军队的指挥部以三角形表示。图上防区的山脊线上标绘有七座烽火台。这是世界上迄今发现最早的彩绘军事地图实物。图上军事部署严密，地形利用巧妙，我们似乎能从中听到征战的猎猎秋风中金戈铁马的战争余音。

其实，在先秦与秦代，就已经有了地图绘制，当时的测绘工具主要包括方向器"司南"、测距仪器和规、矩、准、绳、表，利用勾股弦定理等解决远处目标物的高、远测量问题。到了汉代，由于数学已达到更高水平并在实际测量中得到应用，地图绘制技术也紧随其后登上了一个高峰。国际制图学界普遍认为：马王堆汉墓地图是世界地图学史上罕见的珍宝，具有划时代的意义。

《长沙国南部驻军图》

西汉初期（前206—前163年），长100厘米、宽78厘米，地图所绘的主体区域在今天江华的潇水流域和南岭一带，方圆约250公里。1973年长沙马王堆3号汉墓出土，湖南省博物馆藏。

一部有关相马的大辞典
——从帛书《相马经》中探寻伯乐的相马法

关于相马，有个几乎人尽皆知的故事。

楚王得知一个叫伯乐的人有相马的神眼，就要他去找一匹能日行千里的骏马。伯乐就到各地去巡访，跑了好几个国家，盛产名马的燕赵一带都仔细寻访了，就是没发现千里马。

一天，伯乐从齐国返回，路上看到一匹拉着盐车的瘦马，很吃力地在陡坡上爬行。伯乐对马向来非常爱惜，见瘦马疲惫不堪的样子，便心疼地走到跟前。那马见伯乐走近，突然昂起头来瞪大眼睛，大声嘶鸣，好像要对伯乐倾诉什么。伯乐立即从声音中判断出，这是一匹难得的骏马，于是对驾车的人说："这匹马在疆场上驰骋，任何马都比不过它，但用来拉车，它却不如普通的马，你还是把它卖给我吧。"

驾车人认为伯乐是个傻子，居然看上这匹拉车没气力又吃得多的马，就毫不犹豫地将马卖给了伯乐。牵着千里马，伯乐直奔楚国，来到楚王宫，拍拍马的脖颈说："我给你找到了好主人。"千里马仿佛明白伯乐的意思，抬起前蹄把地面震得咯咯作响，引颈长嘶，声音洪亮，直冲云霄。楚王听到马嘶声，走出宫外。伯乐指着马说："大王，我把千里马给您带来了，请仔细观看。"

楚王一见伯乐牵的马骨瘦如柴，觉得伯乐在愚弄他，有点不高兴地说："我相信你会看马，才让你去买马，可你买的是什么马呀，这马能上战场吗？"

伯乐说："这确实是匹千里马，不过拉了一段时间车，加上喂养不精心，所以看起来很瘦。只要精心喂养，不出半个月，一定会恢复体力。"

帛书《相马经》（局部）

西汉初期（前206—前168年），残片长31厘米、宽19厘米，现存77行，约5200字，其内容主要是对马的头部、四肢的相法和有关相马的理论及方法介绍。全文用隶书书写，上下有墨线界栏，用直行朱丝栏分隔，出土时已经全部断为两截。其行文近似赋体，较有文采。1973年湖南省长沙马王堆3号汉墓出土，湖南省博物馆藏。

楚王一听，有点将信将疑，便命马夫尽心尽力把马喂好。果然，这匹马不久就变得精壮神骏了。楚王跨马扬鞭，只觉两耳生风，喘息的功夫，已跑出百里之外。后来，这匹千里马为楚王驰骋沙场，立下不少功劳。

据说后来伯乐著了一部《相马经》，一天，他的儿子根据书中对良马的描述去找马，结果找回的是只大蟾蜍。

马在秦汉以前甚至以后很长时期的政治军事生活中地位极高，如何发现、训练优良马种，是统治者最关注的问题。许多出身贫寒的人也正是通过相马技艺获取功名的。如《列子·说符》中提到的伯乐及他的善相马的朋友九方皋，就曾是一起打柴卖柴的朋友。正是因为统治者赏识、重用的刺激，民间对相马术的钻研才成了一种神圣的职业。《吕氏春秋·观表篇》就列出了寒风等十个相马名家。《史记·日者列传》也介绍了好几位善相马而名扬天下的奇人，其中甚至还有"女伯乐"。史书还记载了不同的相马师各自不同的专长，如寒风善相马的口齿、麻朝善相马颊、子女厉善相马目、卫忌善相马髭、投伐善相马的胸肋、陈悲善相马的股脚等。如果把这些经验汇集起来，无疑是一件造福天下的好事。

《相马经》就是一本这样的著作。书中将马分为驽马和良马，良马有"野无禽""逮乌鸦""国马""国宝""天下马""绝尘"等，驽马则分成1至4等，并把马的筋骨视为相马的基础，与先秦、汉初传世文献中的提法差不多。显而易见，这部书是西汉初期人承袭前代相马名家之说汇编的抄本。虽然也许汇集得不完整，但它的许多内容是在传世典籍中从未见过的，而且这部书出现的时代之早更无同类著作可以与它相提并论，它为中国畜牧史研究所提供的材料，堪称天下第一。

联想到甘肃武威汉墓出土的世界闻名的青铜马踏飞燕，其造型就符合《相马经》对马的头部、四肢的描述，具有兔头、鸟目、狐耳、狐面、鸟颈、兔肩、鸟胸、鱼鳍鬃、鱼脊背等特征。根据帛书中"一等逮鹿，二等逮麋，三等可以袭乌，四等可以理天下"的记述，可知"马踏飞燕"踩的飞鸟应该是乌鸦，属第三等级能"袭乌"的良马。

此外，《相马经》中许多用来做比喻的山水地名是楚国境内的，抄写字体带有明显的楚国文字痕迹。它的作者，很可能是荆楚一带的人氏，文中辑录的很可能是南方诸侯大国楚国相马大师们的经验。

黑地彩绘漆棺
——中国古代漆器的巅峰时代

坟冢和墓穴这两个阴冷的字眼，带给人的多是惊吓和恐惧。然而，马王堆汉墓一具在地底下埋藏了两千多年的黑地彩绘漆棺，却闪耀着令人目眩神迷的色

黑地彩绘漆棺

西汉初期（前206—前163年左右），通高114厘米、长256厘米、宽118厘米，为四层内棺中从里至外的第三棺，内涂朱漆，外以黑漆为地，用朱、白、黑、黄、绿等颜色，堆绘出流动奔放的云气，云气间有一百多个形态各异的动物和神怪穿插其间，组成了五十多幅充满立体感的画面，是汉代漆艺装饰风格的集中反映，也是汉代云虚纹漆画的典型作品。长沙马王堆1号汉墓出土，湖南省博物馆藏。

彩，给人截然不同的感受，简直就是秦汉漆画的艺术大总汇。

棺盖板上，怪神操蛇、仙人降豹；棺头挡上，神仙对舞、诸仙弹奏；棺足挡上，怪兽格夺、怪神戈射；棺左侧，怪神乐舞，诸神奏乐；棺右侧，仙人游乐、骑鹤持枣。一朵朵云彩犹如行

彩绘双层九子漆奁
西汉初期（前206—前163年左右），高20.8厘米、口径35.2厘米，长沙马王堆1号汉墓出土，湖南省博物馆藏。

云流水，一百多个神仙栩栩如生，一组组怪兽形态生动，随着急速回转的流云翩翩起舞。从这一幅幅既诡秘神奇又古典浪漫的画境中，不难感知到当时的贵族们崇尚神灵与仙境的精神取向和信仰。

云气纹是战国时期兴盛起的一种装饰题材，到了汉代，云气纹得到了更大的张扬。汉人好神仙，云气纹中加画各种兽、神禽和神仙，构成了一种称为"云虚纹"的新纹饰，组成寓意吉祥、辟除邪厉的图案，为汉初漆器主体纹饰。

当时，制作这样的大型漆器，要花费大量人力和物力。据文献记载，一个漆杯需用"百人之力"，一件屏风需要"万人之功"。"一文杯得铜杯十"，也就是说，一件绘有花纹的漆杯，与十件铜杯等值，需百人劳力来制作，可想当时漆器是何等的昂贵。事实上，中国漆工艺在西汉时期已经步入巅峰时代，成为当时社会崇尚物质的文化标识，并出现了"陈、夏千亩漆"（《史记·货殖列传》）那样大规模的生漆生产基地，漆器已成为人们生活中"养生送终之具也"（《盐铁论·本议》）。从中央到地方，都设有工官管理漆器的制作，但昂贵的价格，却让普通庶民只能望洋兴叹，由此可见秦汉时代漆器使用者尊贵的社会地位。

彩绘漆具杯盒

西汉（前206—24年），长23厘米、宽18.5厘米、高13.5厘米，1993年长沙望城坡长沙国王后"渔阳"墓出土，长沙简牍博物馆藏。

云纹漆鼎

西汉初期（前206—前163年左右），高28厘米、口径23厘米，长沙马王堆1号汉墓出土，湖南省博物馆藏。

彩绘漆屏风

西汉初期（前206—前163年左右），通高62厘米、宽58厘米，长沙马王堆1号汉墓出土，湖南省博物馆藏。

　　马王堆汉墓所出700多件漆器，不仅亮丽如新，而且其数量之多、种类之繁、工艺之精、保存之好都是考古发现中所罕见的。这些漆器，以实用器具为主，且涉及礼器、乐器、兵器、葬具及日常生活用具等方方面面。其中，油光锃亮的漆鼎，精巧华丽的九子奁，硕大无比的漆锺，浪漫瑰丽的屏风，谲诡神奇的朱地彩绘棺……几乎囊括了汉初所有漆器的种类。而且，这些漆器上还出现了堆漆、锥画、镶嵌、夹纻胎扣器等许多新工艺，这就为研究汉初漆器工艺提供了珍贵的实物资料。长沙国的精美漆器，不但继承了浪漫瑰丽的楚文化传统，且兼具南方敢于创新的艺术风格，其器型大小兼备，纹饰清秀华美，装饰推陈出新，从中彰显出西汉漆器制作永不熄灭的光芒。

　　除闻名遐迩的长沙国丞相、轪侯利苍家族墓葬出土了大量精美的漆器之外，身份等级更高的长沙国王后"渔阳"墓，出土的精致漆器竟多达2000余件，其中设计精巧的具杯盒、栩栩如生的彩绘鱼等，都是那个时代的巅峰之作。

Ⴢ形帛画
——中国早期绘画艺术的杰出代表

　　1972 年，考古工作者在湖南长沙发掘了震惊中外的马王堆 1 号汉墓，在内棺盖上发现了一幅帛画；1973 年，在发掘马王堆 3 号汉墓时，又发现了一幅帛画。这两幅帛画形制基本相同，整个画面呈"Ⴢ"形，上宽下窄，用笔墨和重彩在丝帛上绘画，因而称之为"Ⴢ形帛画"，因年代久远呈棕色。两幅 Ⴢ 形帛画都用三块单层细绢拼成，顶端横裹一根竹竿，上系丝带，可以张举；中部和下部四角各缀有青黑色麻质绦带。因有死者肖像，又覆盖在棺之上，可视为"魂幡"，出殡时引作前导，入葬时放置在内棺盖上。

　　马王堆 1 号汉墓 Ⴢ 形帛画自上而下描绘了天上、人间、地下三界情景，以有序的层次表达了人们相信灵魂不灭、人死灵魂可以升入天国的观念，寄托了再生与永恒的愿望。

　　帛画上部，右上角有一轮红日和一株扶桑树，日中有金乌，扶桑树间散布着八个小太阳。古代有十个太阳的传说，十个太阳都住在汤谷的扶桑树上，其中一个太阳在树顶，九个太阳在下面枝叶间歇息，它们每天有一个轮流出来值日。左上角有一弯新月，月中有玉兔和蟾蜍，还有坐在飞龙翅上双手托月的女神。显赫的日神和月神中间，是一个人首蛇身神，有人认为是传说中的人类始祖神女娲，

也有人认为是能左右昼夜、四季和风雨的烛龙神。日月神和蛇身神人之间，是盘旋的飞龙和高飞的鸿雁，兽头仙人骑着怪兽振铎作响。天界下端有一扇天门，由守门神"帝阍"和神豹守护。传说天门有九重，每重都有虎豹把守。这是臆想中的天国景象。

帛画中部描绘墓主人及其侍从出行的情景，他们站在由两只神豹支撑的平台上。平台下有帷帐，帐内陈设案桌和各种祭器，侍者肃立两旁，应是人间祭祀场面。两侧还绘有交缠穿璧升腾向上的龙。这是对人间出行和祭祀景象的写实性描绘。

帛画下部描绘的是地下幽冥世界。一个赤裸上身的巨人蹲在两条交缠的大鳌鱼上，双手撑起平板，胯下有一条赤蛇，巨人的左右两侧各有一只口衔灵芝状物的大龟，龟背上都立

一号墓T形帛画

西汉初期（前206—前163年左右），长205厘米、上宽92厘米、下宽47.7厘米，展示了人们观念中的宇宙图景，描绘了宇宙背景下的死亡现象：日升日落，月亏月圆，循环往复，是生命死而复生的象征；扶桑树作为太阳栖息之树，是具有不死和再生力量的神树；"不死之药"让嫦娥由人而成仙，体现了人们对于生命永恒的追求。1972年长沙马王堆1号汉墓出土，湖南省博物馆藏。

有一只猫头鹰。猫头鹰可能是取其夜晚双眼圆睁，守卫死者魂魄的意思。有人认为巨人是水神禺彊，也有人认为是载地的地神，托举的平板象征着大地。地下与地下交界处有猛兽和灵龟守卫幽冥之门。这是关于幽冥世界的景象。

这是一个人神杂处、寥廓荒忽、怪诞奇异的世界；这是一个充满了幻想、神话、巫术观念的世界；这是一个充满了奇禽异兽和神秘符号与象征的神性凝结，充满了自然气息、浪漫色彩和神秘意味，为汉代思想艺术之精品。

三号墓 T 形帛画

西汉初期（前 206—前 168 年），长 234 厘米、上宽 141 厘米、下宽 50 厘米，
1973 年长沙马王堆 3 号汉墓出土，湖南省博物馆藏。

玉圭
——长沙国贵族用玉

　　据说西周时，年幼无知的成王姬诵即位后，一日与其弟姬虞在庭院中玩耍，他随手捡起一片落地的桐叶，剪成玉圭形，对其弟说："把这个圭送给你，封你为唐国诸侯。"天子无戏言，就凭他这句信口开河的话，姬虞长大后便真的来到当时的唐国，即现在的山西，做了诸侯，《史记》称此为"剪桐封弟"。

　　在古代，玉圭是重要的礼器，上端为三角形或直平，身为长方形，被广泛用作"朝觐礼见"，是标明等级身份以及祭礼盟誓的神圣道具。《周礼》就对玉礼器在祭祀和辨等级、明身份这些特殊功能方面作过明确的记述：

玉圭

西汉（前206—24年），长18.5厘米、宽7厘米、厚0.9厘米，2006年长沙市望城凤蓬岭西汉长沙国张王后墓出土，长沙市文物考古研究所藏。

"以玉作六瑞，以等邦国，王执镇圭，公执恒圭，侯执信圭，伯执躬圭，子执谷璧，男执蒲璧。"意思就是说，不同身份的人，所持的玉器会各不相同。

玉圭其貌不扬，形体扁长、底部平滑，首部或尖或平或圆，有的穿孔。山东日照龙山文化发现的玉圭被认为是最早的玉圭实物。

标准的尖首形玉圭始见于商代，盛行于春秋战国，大多为素面。

汉代的玉圭形制同战国时相同，上端为三角形，下端呈长方形，器体较厚，但大小不一，同时边角规矩，表面平滑，多光素无纹，有的底边中央有一穿孔。望城凤篷岭西汉长沙国张王后墓出土的玉圭，就是典型的汉代玉圭形制。该墓是目前湖南等级最高的墓葬之一，是一座带有斜坡墓道的大型竖穴岩坑木椁墓，墓葬平面呈"中"字形，整座墓葬由墓道、墓坑、题凑、椁室和套棺等组成。虽然经过了2000多年地下水的自然侵蚀和多次人为盗掘，仍然出土了大量金器、铜器、漆木器、玉器等珍贵文物。其中，32块金缕玉衣片和大量刻铭青铜器的出土，为解决墓葬年代和揭开墓主身份提供了重要的依据，尤其是其中的一件漆耳杯和上面的"长沙王后家杯"6个字，证实了墓主的确切身份是长沙国的一个王后。专家推断，墓主是西汉晚期一位长沙国张姓王后，其去世时间很可能在公元前49年至公元7年之间。

夔龙蒲纹玉璧

西汉（前206—24年），直径28.5厘米、孔径3.4厘米、厚0.6厘米，2006年长沙望城凤篷岭西汉长沙国张王后墓出土，长沙市文物考古研究所藏。

透雕动物纹玉剑首

西汉（前206—24年），直径5.5～5.9厘米、厚0.42厘米，1978年长沙象鼻嘴1号墓出土，湖南省博物馆藏。

双面透雕龙凤纹玉环

西汉（前206—24年），直径8.5厘米、环宽2.7厘米、厚0.3厘米，1975年长沙咸嘉湖曹㛮墓（长沙王后墓）出土，长沙市博物馆藏。

"吴阳"玉印章

西汉（前206—24年），印面1.9×1.9厘米、高1.5厘米，1999年沅陵虎溪山1号沅陵侯墓出土，湖南省文物考古研究所藏。

浮雕螭龙纹玉剑璏

西汉（前206—24年），长4.9厘米、宽3.4厘米、厚2厘米，2008—2009年长沙谷山被盗西汉长沙王室墓M7出土，长沙市文物考古研究所藏。

　　此墓不仅出土了湖南汉墓最大的玉圭，而且还出土了形制较大、器体厚重的夔龙蒲纹玉璧，玉器规格之高实属湖南少见。要知道，金缕玉衣可是汉代皇帝和皇室贵族死后才能穿的殓服，诸侯王只能使用银缕玉衣。《后汉书》中就提到"诸侯王、列侯、始封贵人、公主薨，皆令赠印玺，玉匣银缕"。

　　此外，长沙咸嘉湖西汉长沙王妃曹㜒墓，出土玉器竟多达68件，且非常精美。还有象鼻嘴一号墓，望城坡"渔阳"王后墓，虎溪山沅陵侯墓，长沙谷山西汉长沙王室墓等，皆出土了大量玉器。

　　这些古墓里走出来重见天日的玉制品，不仅玉质好，雕琢精，构图变幻莫测，而且设计新颖，不囿常规，纹饰华丽又不落俗套，整体形象充满动态和灵气，散发出一种时光无法遮蔽的尊贵，代表了湖南汉代玉器的最高水平。

镂空花金珠

——中外文化交流的物证

顺着 11 枚金珠残存的光晕，我们似乎就能寻找到一条由黄金铺成的中外文化交流的脉络。

这 11 枚金珠，有的球面有焊缀金丝捻成的花瓣和极为细小的金珠，有的用

镂空花金珠

东汉（25—220 年），直径 1～1.5 厘米，重 40 克，分扁圆、六方、圆形三种，用薄金片制成球形，周围用细金丝捻成边饰。1959 年长沙五里牌李家老屋 9 号墓出土，湖南省博物馆藏。

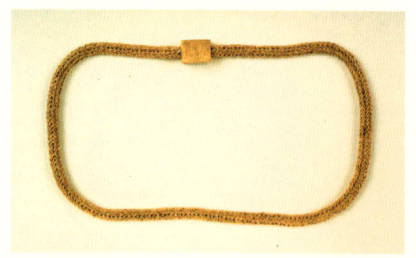

绚索纹金链

东汉（25—220 年），长 19.4 厘米，重 12.8 克，1959 年长沙五里牌李家老屋 9 号墓出土，湖南省博物馆藏。

金饰件

东汉（25—220 年），长 2.5~1.3 厘米、宽 1.4~0.3 厘米，1977 年常德南坪乡出土，常德市博物馆藏。

胡人牵马铜俑

东汉（25—220 年），马高 51.1 厘米、长 45 厘米、重 12.15 千克，俑高 43 厘米、重 6 千克，1976 年衡阳道子坪 1 号墓出土，湖南省博物馆藏。

金环拼焊成形，空当处堆焊小如芝麻的金珠，如同粟米，粒粒可数，纵横成行，组织巧妙，造型别致精巧。

焊缀金珠工艺是把小段金丝加热熔聚成粒，然后进行焊接粘贴的黄金加工方法。加热熔聚的金珠，颗粒较小时，自然浑圆，颗粒较大时需要在两块木板间辗研。还可将金丝端头加热，用吹管吹向端点，使之滴落成圆珠，有时无须吹落，直接让圆珠凝结在金银丝的一端备用。也可采用"熔珠"法，又称为"炸珠"法或"吹珠"法，是将黄金溶液滴入温水中，使之凝结成大小不等的金珠。想想那滚烫的黄金溶液与水的瞬间接触发出的那一缕短促的声响，我们又将生发出怎样的感触呢？

中国这种焊缀粟粒金珠的工艺制品，最早出现在战国晚期，甘肃、新疆、内蒙古、河北、山东等地都有发现。从其遗存地来看，与北方草原文化存在密切的联系，散发着草原文化的艺术气息。

到了西汉时期，中国境内出现的金珠工艺制品种类更多，数量更多。从这一时期的金珠制品那独特的、只有中国才有的造型来看，中国的工匠已经掌握了将自然金加工成细小的金珠作为装饰的技术手法，打上了"中国制造"的早期烙印。

目前已出土的西汉金珠主要分布在陕西、河北、山东、新疆、广东等地，其中仅广东位于中国南方。可广州南越王墓出土的利用金珠焊缀装饰的金花泡，在北方地区没有类似的，其制作工艺或许与北方有着不同的来源。

然而，已知出土的东汉时期的 40 多枚金珠都分布在江苏、安徽、湖南、广西和广东等地区。长沙市五里牌李家老屋 9 号东汉墓出土的镂空花金珠，由 12 至 14 个金环焊接成球体，在焊接部位利用 1 个或 4 个金珠点缀装饰，与南越王墓出土的金花泡上金珠装饰的方法如出一辙。其最突出的特征是形制奇特，而且都以掐丝和焊缀金珠工艺制成，从形制到工艺均非中国传统风格，应为输入品。

绿釉瓷人
东汉（25—220 年），肩宽 1.3 厘米、高 3 厘米，原系湖南省文管会所藏，1958 年因拨交而入藏湖南省博物馆。

这种多面金珠曾在巴基斯坦旦叉始逻和越南奥高出现过类似出土实物，时间大致相当于东汉，尤其在希腊至中亚地区，这种技术的历史更为悠久。出土金珠制品最多的广西合浦地区，在汉代就是东西方海上贸易路线上的重要城镇，因而这些多面金珠的制作工艺，极可能是通过海上贸易的途径传播到中国南方地区的。

这让我们越来越清晰地看到了一道中外文化交流的金光。

西方金银装饰品传到中国后，对中国金银器的制作产生了直接的推动作用。东汉时期，中国与南亚、东南亚、西方的联系日趋紧密，而且在政治、经济、文化、思想等各领域都有了广泛的交流。湖南省博物馆馆藏的东汉胡人牵马铜俑，明显透出一种异域特征，高鼻梁，浓眉大眼，胡髯卷曲，耳上穿环，戴帽着履，穿交领右衽紧袖长袍，腰间束带站立，左臂曲于胸前，右手上举，作牵马状，还有一件东汉绿釉瓷人，形象更像外来人种，且制作精巧，胎质细腻，保存完整。就凭这两件塑像资料可看出，中外文化交流已有相当长的历史了。

白瓷豆的历史承载
——中国最早的白瓷实物

一件用来盛装食物的器皿，却被叫作"豆"，这似乎让人有点费解，也让人想到曹植那首著名的七步诗："煮豆燃豆萁，豆在釜中泣。本是同根生，相煎何太急。"曹植说的豆，固然是一种植物，这里所说的豆，却是一件瓷器文物。这两者看起来风马牛不相及，其实有一种内在的勾连。

"豆"是一种由盘和高足构成，用来盛放食物的器皿，最早见于新石器时代。"豆"的器形源于这一器物，是个象形字，甲骨文是豆，像高脚器皿豆，内部一横表示器中的食物，上面一横表示盖子。造字的本意，"豆"为盛放食物的高足器。

植物"豆"与器物"豆"使用同一汉字，也许远古时代豆子是常见蔬菜，造字祖先对豆仁装在"豆"般的豆壳中，假"豆"为"豆"，理由是两者都有鼓形的容器吧。

纵观中国瓷器发展史，是先有青瓷后有白瓷。商周时期，我们的先民便烧造出了火候高达 1200 多摄氏度的原始青瓷。上乘的原始青瓷，胎质细腻坚实，釉层薄而匀净，胎釉结合良好。经过一千多年的发展，到东汉，已发生质的飞跃，达到瓷的标准，真正的青瓷从此诞生。

白瓷脱胎于青瓷，是在烧造青瓷的基础上逐渐探索发展而来的。现在普遍认

白瓷豆

东汉（25—220 年），高 10.4 厘米、口径 17 厘米、底径 10.4 厘米，敞口，直腹，高圈足，器形规整，制作精良，釉层薄，釉色较白，胎釉结合好。1952 年长沙丝茅冲军营基地出土，湖南省博物馆藏。

为，白瓷创烧于北齐，因为最早的实物是河南安阳北齐武平六年（575 年）范粹墓出土的白釉瓷碗、杯、四系罐、长颈瓶等。这些白瓷胎质较粗松，釉色白中带青，质量不高。尽管如此，勤劳智慧的北方窑工仅用数十年工夫便烧造出隋代杰出白瓷——透影白瓷，瓷化程度高到出乎想象，完全符合现代白瓷标准，胎釉皆白，几乎融为一体，非常薄，可透光。至此，白瓷烧造不再中断，经过唐宋元明清各朝各代的持续创新，烧造出不少白瓷名品。

白瓷的诞生，催生了各种漂亮的彩瓷，是白釉让各种彩瓷更加纯正明丽，如青花、五彩、粉彩、珐琅彩等都离不开优质白瓷。事实上，在北齐白瓷诞生之前，湖南在东汉时期就已经烧出了早期白瓷。自 20 世纪 50 年代以来，在湖南东汉遗址和墓葬相继出土了一定数量的白瓷。这些白瓷的胎釉中含铁量远低于同时代的

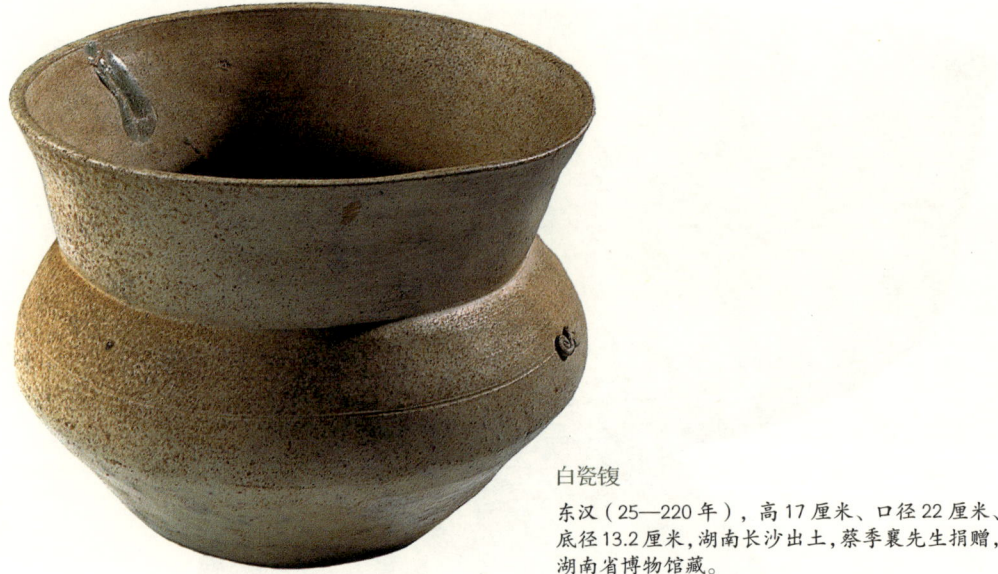

白瓷鍑
东汉（25—220年），高17厘米、口径22厘米、底径13.2厘米，湖南长沙出土，蔡季襄先生捐赠，湖南省博物馆藏。

青瓷，然而又与稍后的白瓷不同，因此被称为"早期白瓷"，其釉面白中泛青，是白瓷烧造的初级发展阶段。

　　湖南出土的早期白瓷，有豆、鍑、碗、簋、钵、罈、罐等器形，都是日常生活用的酒器和食器，因绝大部分出自长沙地区，可能为湖南所产。湖南省博物馆馆藏白瓷鍑3件，均为征集而来，其中最大的、釉色最好的一件高17厘米，釉色也最好，敞口，长颈，肩圆弧，底平，肩部有两个横S形对称附加堆纹，釉色白中泛灰，底部滴釉厚处呈青绿色，胎质细腻而又坚硬，是东汉白瓷中的精品。

　　湖南出土的早期白瓷将白瓷烧造历史往前推了整整四百年。然而，遗憾的是，早期白瓷却在东汉止步了，人们再次看到它的情影时，却是在北齐时期的北方。而湖南地区再现白瓷，已是唐长沙窑烧造的乳浊白釉瓷。此技艺源自中国北方窑口，与本土原始白瓷似乎并无关联。这种种现象，给早期白瓷蒙上了一层神秘面纱，它为何突然断烧，戛然而止，至今令人费解。

　　这件白瓷豆，就是迄今为止发现的最早的白瓷实物。它的弥足珍贵之处，不仅是因为稀有，还因为承载着一个有关白瓷发源的鲜为人知的史实。

美丽潇湘

文物卷

三国魏晋南
北朝至隋唐

篇

本书文物分布示意图

（三国魏晋南北朝至隋唐篇）

走马楼吴简

——三国湖南的历史还原

可以说，三国史是中国历史上最让人耳熟能详的一个片段。然而，在历史学家的眼中，三国的历史却是混沌不清的。长沙走马楼三国吴简的出土，宛如平地一声惊雷，使这一段历史的真相逐渐清晰起来。

1996年6—12月，长沙市文物考古研究所对地处五一广场旁平和堂商厦建设区域内的古井群进行了抢救性发掘，在原走马街50号房基下编号为J22的古井中，惊异地发现了大批三国吴纪年简牍，总数约有10万枚。其书写年代大部分在东汉建安至吴嘉禾年间（196—237年），内容大致分为吏民田家、黄簿民籍、缴纳各种赋税的簿籍、米布钱等物出入调运账簿、司法文书、官府上传下达文书及名刺、信札等类，涉及政治、经济、军事、文化诸多方面，对深入研究三国时期吴国的土地制度、赋税制度、司法制度及有关的典章制度，具有非常重要的参照价值。

这批出土的三国吴简，可分为木简、木牍、竹简三大类。其中的"莂"是最有特色的木牍，它单支而言叫莂，组合编联起来就成了簿籍账册。如其中一支"莂"简就记载了这样一件事：居住在绪中丘一名叫区伯的男子，租佃了政府的田地，共4处，40亩。当时为了提高农作物的产量，耕种庄稼采取轮休制度，田地每隔一定期限就会休耕，区伯租佃的这40亩田就是按两年一垦的标准收取官税的，其中有 38 亩田因干旱导致收成甚微，就不需要交税米，但每亩还得收布六寸六分，收钱三十七。剩下的两亩田则需收税米二斛四斗，税布每亩二尺，收钱七十。嘉禾四年十二月九日，区伯将米交给了仓吏李金，布和钱交给了库吏潘有。最后，在第二年的三月三日，田户曹史赵野、张惕、陈通对所有的情况进行了审核。有意思的是，在这枚简的顶端，划了 4 条直线，简的两侧均有被剖分的痕迹。实际上，它就是一式两份的券书，相当于现在的两联单。

在这批吴简中，最多的是户口簿集，占了总批次的三分之一还多，我们从中能窥见当时社会的真实状况。比如有组简讲述了一个叫吉阳里的地方一位潘姓男子的家庭情况，其家庭成员包括户主孙潘，年龄三十五岁；妻子汝，十九岁；女儿五岁。

嘉禾吏民田家莂

三国(220—280 年)，长 49.8～56 厘米、宽 2.6～5.5 厘米、厚 0.5～1.6 厘米，1996 年长沙走马楼平和堂建设工地第 22 号古井出土，长沙市简牍博物馆藏。

孙吴户籍竹简

三国（220—280 年），长 22.7 ~ 23.1 厘米、宽 0.8 ~ 0.9 厘米、厚 0.1 厘米，1996 年长沙走马楼平和堂建设工地第 22 号古井出土，长沙市简牍博物馆藏。

名刺简

三国（220—280 年），长 24.2 厘米、宽 3.2 厘米、厚 0.5 厘米，1996 年长沙走马楼平和堂建设工地第 22 号古井出土，长沙市简牍博物馆藏。

因夫妻俩均要缴算赋，这家人要向政府提供的是：事二、筭三、訾五十。"事"指服徭役，"筭"指人头税，"訾"指财产税。走马楼出土的吴简告诉我们，在当时，仅农民缴纳的赋税就有 20 余种，可见百姓的生活有多艰难。

其中，最特别的要数 10 余枚"名刺"简。如其中一枚写有"弟子黄朝再拜问起居 长沙益阳 字元宝"，意思是：学生黄朝恭敬地拜见您，向您问安，我是长沙益阳人，字号元宝。简文行文工整，用正规隶书写成，行文由简牍正中直书而下，"再拜"二字已写至木牍边缘，其他几枚名刺简格式也都如此。这种文书简，兴于汉末，流行于六朝，魏晋时最盛行。最初是官场的人用于重大场合互相投递，以便结交、问候之用，相当于现在的名片。

这批简牍为何会如此集中地掩埋在一口距地表约 9 米深的枯井中呢？专家们推测，这里原是一处废弃空仓，这批吴简"大都是孙吴时长沙郡田曹、户曹、仓曹与库等有关机构的档案文书，其中许多是契约合同的凭据，必须妥善保存。事隔多年之后，它们被有意识地放置在空仓里，既表示到期失效、就此作废，也有郑重封存、避免流失的意思"。

正因为如此，才使得这些吴简在一千多年后重见天日，丰满了三国孙吴那一页短缺的历史。

吴故九真太守谷朗碑
——湖南最早的碑刻

这是不太被人知晓的人名，一个被寂寞封存的名字。

谷朗（218—272 年），字先义，东汉桂阳郡耒阳马水人，生活在三国鼎立时期的东吴，祖上世代为官。虽然出身世家，但是谷朗的命运并不太好，他 3 岁丧母，11 岁丧父，家道中落。然而，厄运当头的谷朗却并没因此而消沉，他不仅更加苦读诗书，还用稚嫩的双肩挑起家庭重担，并与弟弟视继母为生母一般孝顺有加，被时人誉为"曾参"，将他跟孔子的弟子、"吾日三省吾身"的儒家代表人物曾子相提并论。

谷朗成年后，由于出身世家，声誉又好，因而很快被推荐当官。在吴国先后担任郎中、尚书令史、郡中正，后升职浏阳县令。在治理浏阳时，他关心黎庶疾苦，深得浏阳百姓爱戴。不久，又提升为都尉、尚书郎。由于他为政勤勉，夙夜在公，在同僚之中名声最好，又升任广州督军校尉，相当于现在的广州军区司令员。到广州任职后，谷朗依然保持着以身作则的秉性，其捍卫疆域、抗击外族侵犯的屡屡战功和他忠诚秉公、遵守典章的品行，得到皇室的赏识，后被调入朝，授五官郎中，迁大中正大夫，专司考察选拔人才。

三国时期，今天的越南部分省市属于东吴，设有交趾郡，即现在的越南河内南顺以北地区。吴永安六年（263 年），交趾郡官吏吕兴叛乱，杀太守，招诱九真、日南两郡背叛吴国。宝鼎三年（268 年），吴王调遣交州刺史刘俊和前部督军脩则等率军征讨，都以失败告终。吴末帝孙皓悬旨征召平息祸乱将领，满朝官员都认为谷朗曾任职广州，素有威望，堪当此重任。建衡元年（269 年）十一月，谷朗率兵经番禺、牂牁进军交趾，讨伐吕兴。交趾降服，九真、日南重新归顺。平乱后，谷朗升职为九真太守。长年累月或抗击外乱或勤劳为政的谷朗，一直处于忙碌状态，根本顾不上自己的身体，以至健康状况每况愈下。他任九真太守的第三年，也就是吴凤凰元年（272 年），只有 54 岁的谷朗病逝于任所。遵照谷朗遗嘱，朝廷派人将他送回故里耒阳。当地百姓为铭记他的功绩与人品，特立了这块《吴故九真太守谷府君碑》。原在湖南耒阳县城东谷府君祠内，清代移置县城杜甫祠（今耒阳县第一中学）内，后又迁置蔡侯祠（传为蔡伦故居，在城内蔡子池畔）内保存。1966 年"文化大革命"开始时被砸成三截，弃于水塘中。1979 年捞起修复，中有断裂残破痕，仍置蔡侯祠内。碑之两侧原有谷氏后裔题名，清初尚存，后渐磨灭。

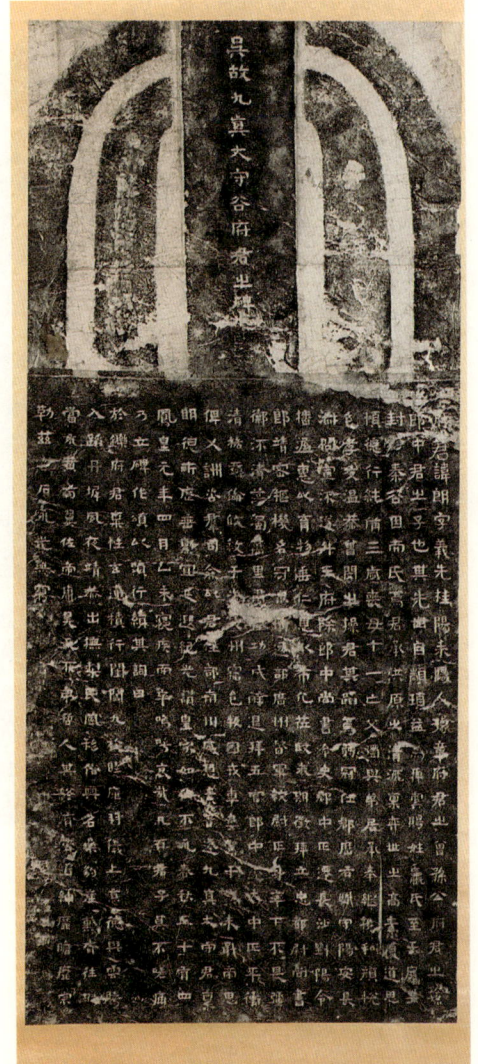

吴故九真太守谷朗碑

三国吴凤凰元年（272 年），碑高 176 厘米、宽 72 厘米，青石制成，碑额 11 字，作隶书碑文 18 行，每行 24 字，字径 3.5 厘米，无撰书人姓名。现位于耒阳蔡侯祠内。

　　《谷朗碑》书法融入了汉人书风，字虽称隶书，实则体势已非常接近楷书。

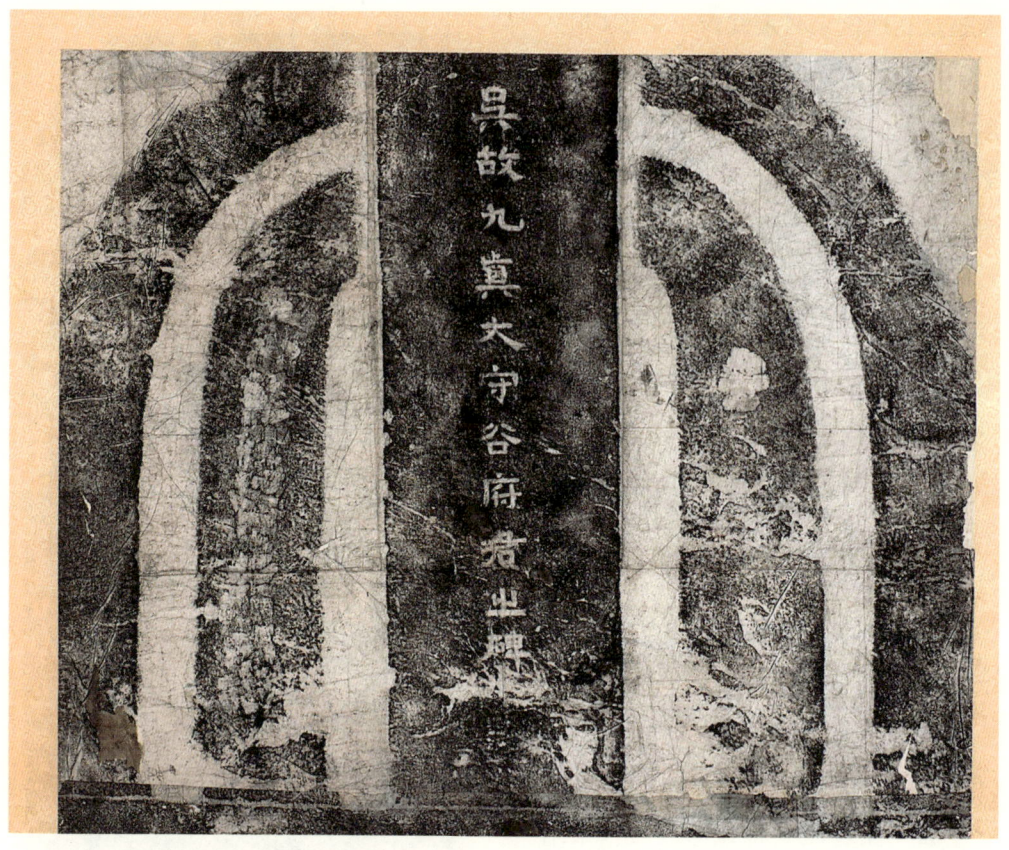

吴故九真太守谷朗碑（局部）

当然，同后世魏碑、唐楷相比，它还带有较浓的隶味。其结体方整，笔画圆劲，既有隶书的浑厚古雅，又具楷书的方整端庄，更见亦隶亦楷的朴拙憨态，与曹魏诸刻风格稍异，同是开后世楷书法门的重要碑刻，也是湖南境内仅存的吴碑。此碑在清代以前，唯见欧阳修、赵明诚二家著录。翁方纲《两汉金石记》云："其字遒劲，亦有汉分隶法。"严可均谓其"隶法不恶，刻手极拙"。康有为称其古厚，为真楷之始。

"蛮夷侯印"的历史隐喻
——湖南地区"以蛮夷治蛮夷"的生动见证

　　"蛮夷侯印"出土于湖南平江。汉晋时代，平江属荆州，是"蛮夷"族聚居地区，此印当系"蛮夷"族首领所有。汉晋朝廷赐给南方蛮族官印，多用驼、蛇纽，印文前并冠以朝号，此印未署"晋"，比较少见。它是封建王朝"以蛮夷治蛮夷"政策的实物见证。

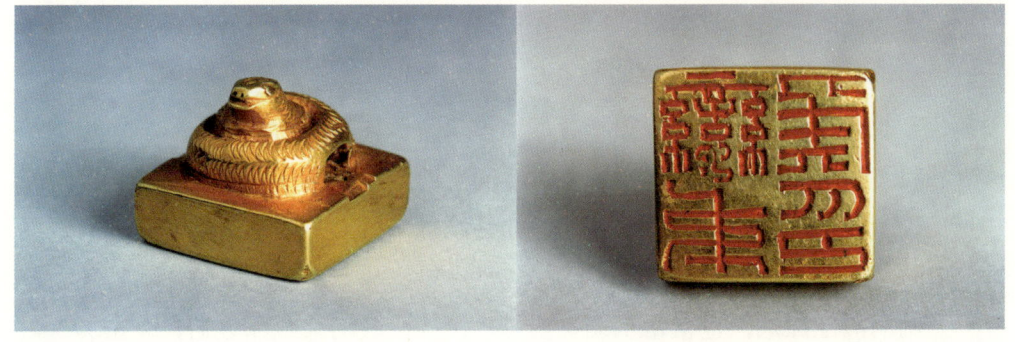

"蛮夷侯印"金印
西晋（265—316年），高2厘米、印面2.3×2.3厘米，1990年平江梅仙镇钟家村出土，平江县文物管理所藏。

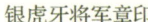

银虎牙将军章印

西晋（265—316年），高2.1厘米，重69.5克，1978年桃源漆河镇玉凤坪村出土，桃源县文物管理所藏。

秦汉时期，在湖南境内，除了汉民族之外，还居住着来自北方中原和南越各地区的原住民，生存的本能和各种利益的争端，使他们之间逐渐形成了一个个族群势力。这些明显带有派别性质的族群，被统称为"蛮"或"蛮夷"。他们分布相当广，按地域划分，有"武陵蛮""长沙蛮""零陵蛮""桂阳蛮"等称谓。其中"武陵蛮"又称"五溪蛮""武陵五溪蛮"，是历史上湖南境内势力相当强大的族群。

到了魏晋南北朝时期，湖南地区仍然聚居着大量"蛮夷"民族。同秦汉时期相比，其分布范围不仅没有缩小，还在不断扩大，几乎从北到南遍布了湖南全境，而最集中的仍是在武陵五溪地区。

面对这些层出不穷的"蛮夷"族群，中央王朝除了在"蛮夷"地区推行郡县建置外，还采取了"以蛮夷治蛮夷"的政策，通过给一些"蛮夷"酋领封官赐爵，进行绥抚和笼络，借以控制和治理其族群。《后汉书·南蛮传》记载，秦惠王统一巴中后，即以"巴氏"等为"蛮夷君长"。两汉王朝继承了这种政策，《后汉书·岑彭传》载：凡"蛮夷"首领归降者，均封其为该地首领。王莽篡政后，也曾特遣五威将军王奇等出使五溪，欲授"五溪蛮"酋领田强铜印，让其归降。可田强却拒受了王莽铜印，并命三个儿子率部在县境以东抗莽，即便其季子战死后也没有屈服。

三国的战乱烽烟，也常常牵动"蛮夷"民族。关羽失荆州之后，"蛮夷"最集中的武陵郡被孙吴占据，可武陵五溪"蛮夷"却仍思归蜀汉。

魏黄初二年（221年），已在成都称帝的刘备，以给关羽报仇的名义发兵讨伐东吴，意图夺回荆州。武陵五溪"蛮夷"便趁机邀请刘备进军武陵，帮助这里的"蛮夷"族脱离孙吴控制。可是，让武陵五溪"蛮夷"大失所望的是，公元222年夏，刘备被吴将陆逊在夷陵之战中打败，最终撤退到白帝城。直到孙吴灭亡前夕，五溪"蛮夷"才脱离吴国归降西晋王朝。

太康元年（280年），孙吴国灭，湖南正式归入西晋版籍。同年，置"南蛮校尉"，先是驻扎在襄阳，后又移驻江陵，用以统辖江汉以南和湖南境内的"蛮夷"民族。对各"蛮夷"酋领，朝廷都封赐了官爵并授以官职印信。这让我们不禁联想到，1978年湖南桃源县漆河乡玉凤坪村出土的两方银质印章和两方铜质印章，应该就是在此前后授予的。

驼纽印章是汉魏以来中央王朝对边境各族施行和亲政策而颁发给他们本族首领的印信，大的民族的族名一般放在"率善"之前，小的民族的族名则置于"率善"之后。如"晋匈奴率善伯长"、"晋率善羌伯长"等。桃源出土的印，皆为"蛮夷"在"率善"之前，可见晋代在属于武陵郡的桃源一带不仅有"蛮夷"聚居，而且人数众多。同时，该记载中"五溪蛮夷"同"鲜卑""匈奴"等族并提，可见其时的"五溪蛮夷"势力之强大。

此后，在两晋统治的150多年间，湖南各"蛮夷"聚居地区，都相对比较安定。

驼纽"晋蛮夷率善邑君"银印
西晋（265—316年），通高2.3厘米、印面边长2.2厘米，1978年桃源漆河镇玉凤坪村出土，桃源县文物管理所藏。

驼纽"晋蛮夷率善邑长"铜印
西晋（265—316年），通高2.2厘米、印面边长2.2厘米，桃源出土，桃源县文物管理所藏。

神兽纹玉樽的背后
——西晋重臣刘弘葬地解密

神兽纹玉樽

东汉（25—220 年），高 10.5 厘米、口径 10.5 厘米，双铺首以浮雕之法呈轴对称形态，有按三等分圆周留置的圆雕蹲熊樽足，1991 年安乡黄山头林场南禅湾西晋刘弘墓出土，湖南省博物馆藏。

一件神兽纹玉樽，其背后隐藏着一位西晋名将鲜为人知的传奇。

这件形制与汉代漆樽或铜樽一致的直筒形神兽纹玉樽，出土于西晋刘弘墓，出土的时候已经被沁蚀成不透明的灰白色，但器表仍有光泽。器身纹饰被三道凹弦纹分割成上、下两部分。上层纹饰主体分为三组：在云海中翻腾的两只螭龙，两只头背对峙的长喙独角龙，西王母与持着灵芝草的仙人。下部纹饰同样分为三组：持仙芝戏螭龙的羽人，独角兽与螭

金龟纽宣成公章印

西晋（265—316年），印面2.5×2.5厘米，重165.8克，1991年安乡黄山镇刘弘墓出土，湖南省博物馆藏。

金龟纽镇南将军章印

西晋（265—316年），印面2.5×2.5厘米、高2.2厘米，重131.5克，1991年安乡黄山镇刘弘墓出土，湖南省博物馆藏。

龙争抢着云中生长的仙芝，张牙舞爪的熊正与独角龙云中嬉戏。雕琢生动的主题纹饰，以流云为衬托，显得飘逸生动且气势恢宏，完全符合西汉晚期到东汉初年的玉樽风格。它是目前所见最为精美奢华的汉代玉容器之一，故有"玉樽王"之称。容器内部发现有少许墨迹残留，或许在刘弘或更早时代，这件玉樽曾用作后世文房所使用的笔洗。

刘弘是西晋名将，生于公元236年，字和季，沛国相人，即现在的安徽濉溪县人。其祖父刘馥为曹魏重臣，乃门阀士族。年少时，他和晋朝开国君主、晋武帝司马炎是同窗，两人都住在洛阳永安里。司马炎建晋称帝后，自小就拥有经世治国之才的刘弘就在老同学的赏识下走上了仕途。

太安二年（303年），义阳蛮张昌聚众在江夏起义，占据了江夏郡城，接着又攻打襄阳，司马歆出兵迎战，惨败，被叛军首领张昌杀害。刘弘继任镇南将军后，几次率兵抵抗张昌叛军，也屡屡受挫。直到这一年的8月，刘弘和刘乔指挥的西晋重兵以排山倒海之势大败张昌叛军，张昌在荆州地区的部队才终于失败。这年12月，一些土著地主武装也自发配合晋军在江北对张昌余部石冰的部队发动进攻，迫使石冰节节败退，并于次年3月在徐州被叛将杀害，张昌也于这一年的秋季被擒获处死。

当时的西晋正处于八王争霸时代，濒临崩溃的边缘，西晋朝廷对刘弘格外倚重。他本人一直和北方氐、鲜卑和匈奴等外族作战，因"有威惠，寇盗屏迹"，被晋武帝封为一等爵宣成公，赐金印紫绶，历任镇南将军、荆州刺史、车骑大将

金嵌绿松石螭虎纹带扣

西晋（265—316年），长9厘米、首宽6厘米、尾宽5.5
厘米、厚0.3厘米，重50克，1991年安乡黄山镇刘
弘墓出土，湖南省博物馆藏。

龙凤纹玉卮

东汉（25—220年），口径7.6厘米、通高12.9厘米，
1991年安乡黄山镇西晋刘弘墓出土，安乡县文物
管理所藏。

军等要职。

公元306年，刘弘病逝于湖北襄阳军中，享年70岁。其人其事在《晋书》《三国志·魏书》《资治通鉴》《清乾隆县志》等史籍中均有详细记载。

除出土这件玉樽外，刘弘墓还出土其他精美金银器、玉器等共计80余件。有雕镂工艺精致、细部一丝不苟、纯金铸造的"宣城公章"和"镇南将军章"两枚金印；有融绞丝、串珠、镂空、锤镍、镶嵌等多种工艺于一体，制作复杂精巧，造型精美绝伦的金龙玉带扣；有以规整典雅见长的传统谷纹璧和透空镂雕的龙纹玉璧；有高端大气实用的龙凤纹玉卮杯……刘弘墓的敞开，让这个如同隐形的传奇人物终于走出我们的种种猜想。

　　然而，一个最大的疑问摆在了我们面前：神兽纹玉樽出土于湖南安乡黄山头林场南禅湾，可《晋书》记载，刘弘病逝于湖北襄阳，为何被葬在了千里之外的湖南安乡呢？对此，目前学术界也难以解答。

　　有一种说法是，刘弘去世时并不在湖北襄阳，而是领军驻扎在南平郡的楚南巨镇作唐城，至今，安乡县安全乡槐树村肖家山还保存有作唐城遗址。他在军旅中猝然而逝后，被就近秘葬。之所以没回故里下葬，是因为当时的处境不允许。刘弘去世前虽位居一品，权倾荆州，功高盖世，但他一生东征西讨，杀人无数，生前就有许多人欲杀之而后快。他去世时，祖籍所在地在死敌陈敏的控制之下，无法归葬故里，为了免除死后受辱，也不敢公开下葬。临死之时，他安排其子刘璠在他死后将其密葬安乡黄山，既没有建高大的封土堆，也没有留下任何蛛丝马迹。至于《晋书》所载，说刘弘病逝于湖北襄阳，很可能是后人修撰晋史时，或仅凭臆测，或见到刘璠奏疏就记录下来了，造成了后人的误解，成为一个历史悬念。

湘阴窑青瓷俑
——青瓷里的汉唐风俗

青瓷对坐校书俑

西晋永宁二年(302年),高17.2厘米,两俑头戴进贤冠,身着交领长袍,相对而坐。中间置书案,案上有笔、砚、简册和手提箱,一人执笔在板状物上书写,另一人手执一板,上置简册,若有所语。1958年长沙金盆岭9号墓出土,湖南省博物馆藏。

俑是陪葬冥器,人殉的替代品。商周时期,盛行杀战俘,埋墓主内侍、宠妾、婢女、护卫、杂役以殉葬,商代大墓人殉数量达到几十成百上千人。故俑的出现意义重大,代表人类文明的进步。陪葬俑以陶俑、木俑最为常见,最著名的非秦始皇兵马陶俑莫属,马王堆汉墓中随葬了不少木俑。瓷俑不多,主要出现在长江中游一带,青瓷对坐校书俑是较早的瓷质俑,

青瓷骑马俑
西晋永宁二年（302 年），高 21.8 ～ 24 厘米，1958 年长沙金盆岭 9 号墓出土，湖南省博物馆藏。

也是迄今所见唯一的对坐校书俑，古代校书人的形象翻版。

晋以前的文献大多抄写在简牍、绢帛上。抄写时，难免有误，所以古人十分重视抄写后的校对工作，尽量做到"不诬古人，不惑来者"。这个环节已经保留和传承到了现在。孔子在整理《诗经》时，就曾仔细校对过。西汉刘向、刘歆父子在整理皇家藏书中，第一次总结了校对规程。到了东汉，校对派生成一种正式官职，称校书郎。

这件制作上乘、保存较好的青瓷对坐校书俑，可谓是湖南湘阴窑西晋时期的典范之作，且墓葬有明确纪年，故其成为晋代湘阴窑青瓷断代的标准器。

湘阴窑于汉代始烧，有湖南第一窑美誉，窑址在湖南湘阴县境内。唐初，此地属岳州，陆羽《茶经》中称其为岳州窑。湖南两晋高等级墓葬中常出土大量湘阴窑青瓷骑马俑、执盾俑、持剑俑，好像那里就是一个古战场，随时都在准备作战。这与两晋时期连年征战，地主豪强纷纷募兵组建私人武装有关。

"南朝四百八十寺，多少楼台烟雨中。"佛教于汉代传入我国，经魏晋时期的酝酿，至南朝达到空前繁盛，佛教的烙印也出现在这个时期的瓷器上，圣洁的莲花和莲瓣成为其最常见的纹样，如郴州出土的南朝青瓷盘口瓶。

青瓷莲瓣纹盘口瓶

南朝（420—589年），高33.1厘米、口径11.7厘米、底径14.7厘米，器形高大，制作精良，胎釉结合好，腹部刻有莲瓣纹。1997年郴州东筑一号墓出土，郴州市博物馆藏。

青釉褐彩人面镇墓兽

唐（618—907年），高34.8厘米，长沙咸嘉湖唐墓出土，湖南省博物馆藏。

随着佛音渐行渐远，标志着湘阴窑鼎盛时期的隋唐，以一种大开大合的气象，让湘阴窑折射出更加耀眼的光芒。此时的湘阴窑不仅品种多样，且胎质更细腻，胎釉结合更好，釉玻璃质感更强，呈青绿、青黄两色。长沙市咸嘉湖初唐墓葬出土的一对岳州窑镇墓兽，就最能彰显其工艺质地。这对镇墓兽，一为人面，一为兽面。人面者，背有火焰式棕毛，双目圆睁，表情严肃，似是在警戒周围；兽面者，前额生独角，张口吐舌，显得凶猛异常。其通体施有开片青釉，周身饰釉下褐色点彩，堪称唐代岳州窑的经典作品。

繁荣盛世的唐代，瓷器涉及社会生活的各个领域，委实就是当时社会的缩影。有融合汉乐器和西域乐器的家庭私人乐队俑，有往来贸易的胡商俑，有黑色皮肤的昆仑奴俑。如1976年长沙市西郊咸家湖小学一号墓出土了一组伎乐俑，俑头梳高髻，上着低圆领窄袖紧身衣，下穿百褶长裙，胸下束腰带，踞坐在方板上，分别操钹、筚篥、拍板、竖箜篌和腰鼓。这样的景象很容易将我们带进一种错觉。当这种被尘封了千年后的伎乐俑突然跳进我们视线的时候，似乎就有一缕悠远的清音又回响在现代的阳光里，冲淡着我们对时光的确定界线，让我们分不清前世今生。

从湘阴窑数百年来烧瓷品种的演变，足以窥见湖南从汉代至唐代的社会生活经济文化的发展变化。可谓一个湘阴窑，半部湖南封建史。

"独幽" 七弦琴

—— 从唐琴 "鸿宝" 看士大夫精神情操

"渔翁夜傍西岩宿，晓汲清湘燃楚竹。烟消日出不见人，欸乃一声山水绿。回看天际下中流，岩上无心云相逐。"

诗中所述 "西岩" 即朝阳岩，位于永州城外潇水岸边，离城二里，岩石峭拔壁立，岩洞幽邃深旷，柳宗元常来此赏景弹琴赋诗，其所作琴歌《渔翁》刻石至今仍清晰可见。

"独幽" 七弦琴

唐太和丁未（827年），通长120.5厘米、肩宽21厘米、尾宽15厘米，琴面桐木斫，琴底梓木斫，冠角、岳山、承露由硬木所制。通体断纹较多，有蛇腹、牛毛、流水、龟背、梅花。栗壳色底间朱红漆，鹿角霜灰胎。龙池、凤沼为圆形。琴背肩部中央刻草书 "独幽" 两字，龙池下方阴刻方印 "玉振"，龙池内刻有隶书腹款 "太和丁未" 四字。琴尾底板右刻杨宗稷题诗："一声长啸四山青，独坐幽篁万籁沉，法物船山留手泽，况兼玉振太和琴。" 左刻李静题字："右诗九嶷师题，本船山琴也，太和乃唐文宗年号，《湘绮楼日记》以为雷霄斲，'玉振'与武英殿长安元年琴印同，盖鲜于伯机印，李静注。" 文后刻 "伯仁印"。1963年征集，湖南省博物馆藏。

永州朝阳岩

"独幽琴"龙池上方刻"独幽"

"独幽琴"凤沼有"玉振"印章

《欸乃》正是根据《渔翁》诗意而作的琴曲。屏息静听此曲，似乎就能听到船桨划开流水的清音，似乎就能看到那岸畔的篝火和飘荡的青烟，似乎就能摸到那被潇水漂洗过的晨晖。

古琴是中国历史上渊源最为久远的弦乐器，其浑厚清丽的音韵，已在中国的历史流变中飘荡回旋了三千多年。从伏羲氏"削桐为琴，绳丝为弦"，舜帝"作五弦之琴，以歌南风"的传说开始，古琴就一直行走在中国的每一个时空里，从没停过脚步。湘楚湖南作为古琴的故乡，其琴风琴事更如湘江清波流淌不息。湖南省博物馆收藏的古琴，其中不少与湖湘先贤有着深厚的渊源，尤以被古琴界推崇为"鸿宝"的传世名琴，更是备受景仰。

"鸿宝"，即唐代"独幽"琴。曾为明末清初著名思想家王船山所藏，后为民国时期湖南琴家李静（伯仁）珍藏。1963 年由湖南省文管会征集，后移交湖南省博物馆。此琴无论从音质、形制还是历史价值，都是历代古琴中不可多得的顶级至宝。近代著名琴家杨宗稷称之为"鸿宝"，是古琴界鉴定唐琴的三大标准器之一，在中国音乐发展史上占有极其重要的地位。

从唐代开始，古琴就有了自己专用的记谱法，记录弦位、徽位和左右手的弹奏方法，但不直接记录音高。它由汉字的部首、数字和一些减笔字拼合而成，犹如一个音乐积木，简练中深藏玄奥，称作减字谱。用减字谱记录而传承至今的古琴谱有一百五十多种，保存了大量的古代音乐经典。

唐代是琴文化发展的最重要的时期，古琴斫制工艺也达到相当高的水平。最为著名的斫琴家是四川雷氏家族，雷家世代造琴，有名的琴匠有雷威、雷俨、雷绍、雷霄等，所制的琴被人们尊称为"雷琴""雷公琴"或"雷氏琴"。今故宫博物院所藏唐琴"九霄环佩""大圣遗音""飞泉"，中国艺术研究院所藏"枯木龙吟"琴等，经专家考证，皆为雷琴。

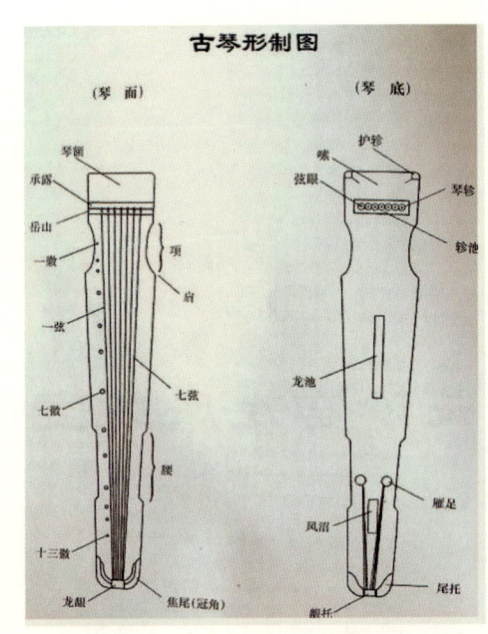

古琴结构示意图

琴居"琴、棋、书、画"四艺之首，并非仅仅是一种简单的音乐技艺。先秦时期，古琴是属于"士"阶层的乐器，《礼记》便有"士无故不撤琴瑟"之说。早在两千多年前的汉代，操琴之艺就被尊称为"琴道"，故有琴人赞曰，琴之道乃君子之道，应天地之大道理，可激人心至清明。凡善琴之人，势必清心、上善、淡泊。正如柳宗元《李西川荐琴石》所抒发的那样："远师邹忌鼓鸣琴，去和南风惬舜心。从此他山千古重，殷劝曾是奉徽音。"

古琴如"独幽"，承载着古代仁人君子的雅趣心性，代表了文人志士怡情抒怀的生活追求。

在魏晋时期的嵇康眼里，"众器之中，琴德最优"。他虽有盖世才情，却不愿做官。后因不与当时的统治者合作而走上刑场，最后还要在刑场上弹奏一曲深情悲悯而又声震寰宇的《广陵散》，为自己高洁的灵魂送行。

长沙窑飞凤纹壶
——世界上最早的釉下多彩瓷器

长沙窑飞凤纹壶
唐（618—907年），高23厘米、口径
10.7厘米、底径12.3厘米，撇口、粗颈、
深腹、平底、短流。1983年长沙窑窑址出土，
湖南省博物馆藏。

尽管中国的丝绸和瓷器已然畅销海外，中国已然被外国人誉为丝绸和瓷器王国，可在史籍中，唐朝仅有"类银""类雪""类玉""类冰"白瓷和青瓷的文字记载，而那早在中唐就像仕女们的容颜盛装般粉艳华美的釉下彩瓷到底产于何地何处，却一直没有任何文字依据。我们可以尽情地想象唐代中国的繁华与富丽，但我们却无法想象唐代长沙铜官

"陈家茶店"壶（局部）

唐（618—907 年），长沙窑窑址出土，长沙铜官窑管理处藏。

青釉褐绿彩题记碗

唐（618—907 年），黑石号沉船出水，新加坡圣淘沙机构藏。

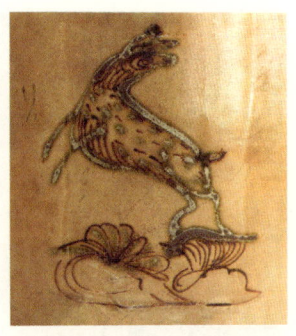

青釉褐绿彩奔鹿纹壶（局部）

唐（618—907 年），高22.6 厘米、口径 11 厘米、底径 11.4 厘米，长沙窑窑址出土，湖南省博物馆藏。

窑瓷那行走中国、漂洋过海的迷离风光。

　　长沙铜官窑是一座民间窑，始于初唐，盛于中晚唐，终于五代。窑址位于今天长沙市望城区铜官镇至石渚湖一带，一边是连绵的山丘，一边为宽阔的湘江，地理位置绝佳，交通十分便利，瓷土资源丰富，燃料供给充足，依坡建窑便捷。有关长沙窑的鼎盛，有唐诗《石渚》为证："古岸陶为器，高林尽一焚。焰红湘浦口，烟浊洞庭云。迥野煤飞乱，遥空爆响闻。地形穿凿势，恐到祝融坟。"

　　飞凤纹壶在长沙窑壶中所占比例最大，是当时点茶用的汤瓶。唐中期以前，茶是烹制的，煮出来的茶汤味道如同蔬菜汤。考究的做法有陆羽《茶经》记载的煮茶法，先是煮水，以精选好的水置釜中烧至鱼目微开，加入碾细的茶末，二沸时出现沫饽，将沫饽杓出，置于熟盂中，继续烧至三沸，再将沫饽浇入釜中，待精华均匀，茶汤便好了。此法耗时烦琐，更适合有闲情逸致的文人和僧侣。湖南气候和土壤利于茶树生长，盛产好茶。唐代，湖南名茶是上贡朝廷的珍品；五代时，茶叶的对外贸易是马楚政权的经济支柱之一。湖南不仅产好茶，还引领了制茶法的改进，将茶叶蒸焙后制成团茶，依据模子拍成形状，可圆可方，便于储存、运输和冲泡。泡茶时，只需从团茶上次第依层取茶，放入茶碾，碾成茶末，再入茶碗，然后用汤瓶注沸水于茶碗，茶便冲泡好了，这就是点茶。一件与飞凤纹瓷壶器形相同、腹部有"陈家茶店"四字的壶便是这种饮茶方式的明证。此外，大量的茶碾、

青釉褐绿彩狮座诗文瓷枕

唐（618—907 年），高 7.3 厘米、长 13 厘米、宽 8.1 厘米，长沙窑窑址出土，湖南省博物馆藏。

竹林七贤人物图诗文罐

唐（618—907 年），高 17 厘米、口径 13.5 厘米、腹径 18 厘米，长沙窑窑址出土，长沙市博物馆藏。

碾轮，也将长沙窑与茶紧密地联系在一起。

长沙窑是世界上第一个成功烧造釉下多彩瓷的窑口，运用褐、绿、红、蓝等彩色创作出画风质朴、画面生动的各类装饰题材，开启了世界彩瓷时代。由于画面在釉下，耐酸耐腐，以至于一千多年后的今天，我们依然能看到一幅幅唐代民间画作：活泼奔放的动物、自由飞翔的禽、嬉戏玩耍的孩童、美丽动人的花朵……似乎让我们穿越了一次唐朝。

长沙窑还是第一个将诗文、警句、题记、广告语移入釉下既做装饰又做宣传的窑口。窑瓷上有一百多首唐诗，如："春水春池满，春时春草生。春人饮春酒，春鸟弄春生"，"君生我未生，我生君已老。君恨我生迟，我恨君生早"……警句也不少，如："悬钓之鱼悔不忍饥""罗网之鸟悔不高飞""屋漏不盖损失梁柱"……让我们看到了湖南人"敢为人先"的开创精神。

同时，长沙窑将诗画艺术入瓷，开创了后世诗书画与瓷器完

白釉红绿彩壶
唐（618—907 年），高 22 厘米、口径 10 厘米、底径 11.8 厘米，长沙窑窑址出土，湖南省博物馆藏。

美结合的先河。打开长沙窑，就等于打开了一座被掩埋在时光底部的艺术珍藏密室。目前，已知的长沙窑诗画入瓷的，是享有盛名的竹林七贤诗文罐。此罐腹部一面是七言诗："须饮三杯万事休，眼前花发四肢柔。不知酒是龙泉剑，吃入肠中别何愁。"另一面是线描人物图，两高士相对而坐，褒衣博带，高冠广袖。诗与画之间是题名"七贤第一组"5 字，应该还有第二组、第三组诗文罐。"七贤"，即晋代七位名士：阮籍、嵇康、山涛、刘伶、阮咸、向秀和王戎。史载"竹林七贤"放荡不羁，常集于竹林下，纵酒狂歌，肆意酣畅。

此外，长沙窑还第一个烧成高温铜红釉和铜红彩，在一千二百年前，将中国人最爱的红色呈现在世人面前，尤为珍贵。

《大唐中兴颂》
——摩崖石刻碑林至尊

　　唐代大历六年（771年）的一天，不知是阳光普照还是阴雨绵绵，隐居在浯溪的诗人元结，迎来他一位最重要也是最尊贵的朋友——颜真卿。就在这一年，元结将自己761年所撰的《大唐中兴颂》，交给了颜真卿，请他书丹摹刻于浯溪峿台崖壁上。

　　自颜真卿所书摹勒上石之后，历代名人纷至沓来，览胜留题，摹刻于石，遂成遍崖密布的露天碑林。而在众多的刻石中，《大唐中兴颂》以其石奇、文奇、字奇，三者珠联璧合，素有"摩崖三绝"的美称。

　　颜真卿是山东临沂人，官至太子太师，爵封鲁郡开国公，后人尊称为"颜鲁公"。他不仅是名垂青史的政治家，更是著名的书法家。其真草兼通，下笔精劲，气势磅礴。《大唐中兴颂》是其书法代表作之一。

　　元结是唐代著名的文学家、政治家，字次山，河南鲁山人，两度出任湖南道州刺史。《大唐中兴颂》记录的是唐朝历史的转折点——"安史之乱"，作于戡平战乱之后，名为中兴，实为衰败的开始。

　　755年，安禄山在阴蓄异志十余年后终于发动叛变，挥麾南下，虽遭颜真卿等各路将领抵抗，都城长安仍于次年沦陷，唐玄宗匆忙南逃四川。同时，太子李

《大唐中兴颂》摩崖石刻

唐大历六年（771 年），碑高 300 厘米、宽 320 厘米，字约 15 厘米见方，点画圆浑厚实，注重书写时力量的充沛畅达，粗壮而不雕肿。字形以宽阔取势，四周向外拓张。外密内疏，中宫舒展，布白于字中。笔势缓缓而行，撇脚重拙含蓄。现位于湖南祁阳浯溪碑林。

亨逃往灵武（在今宁夏境内），在郭子仪、李光弼等一班西北将领的支持下，不告而即皇帝位，是为唐肃宗。就在肃宗即位的这一年，元结也举家逃乱，辗转于湖北、江西等地，后出任山南东道节度参谋，曾组织义军，保全 15 城。761 年，历时数年的"安史之乱"基本结束，时在江西九江任上，亲历战乱并曾领军平叛的元结，感到"地辟天开，蠲除妖灾，瑞庆大来"，便乘兴写下了后来成为惊世名作的《大唐中兴颂》。

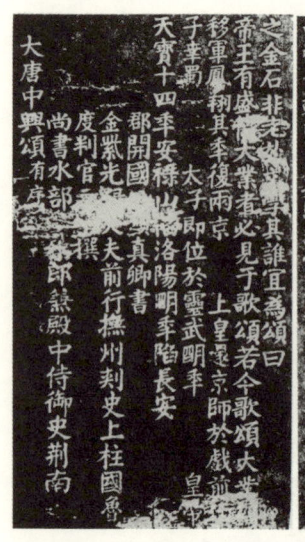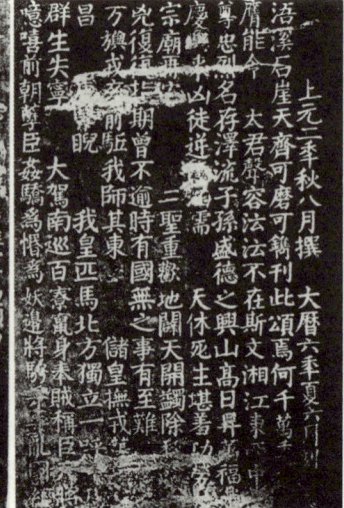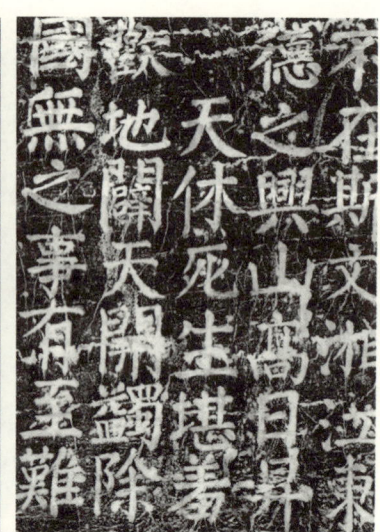

《大唐中兴颂》摩崖石刻局部

770年，因为母亲病逝，元结辞官归隐，以终母丧，居住在湖南祁阳一个叫浯溪的小山脚下。其时，"浯溪胜景，天地生成，一木一石，别饶雅趣"。元结路经此地，本想率性游玩一下，却被此地山水胜异、怪石林立的景象所吸引，于是便留了下来，搭一茅屋居住在浯溪溪畔。其溪本来无名，元结命名为"浯溪"，西北建台，命名"峿台"，东北建亭，命名"㦖亭"，后人称之为"三吾"，并各撰铭文，刻于石上。

《大唐中兴颂》碑表现出一种恢宏雄厚的风度，比起颜真卿中年时期的碑刻，此碑的字形和气势显得更为舒展和开张，似拙反奇，平中求险。王恽《玉堂嘉话》称之："雄伟如驱千里骏马，倚丘山而立。"清代康有为《广艺舟双楫》同样认为"平原《中兴颂》有营平之苍雄"。颜真卿其人其书对后世影响深远，柳公权、宋"四家"、董其昌乃至清代的何绍基都是从颜字入手进入书法艺术殿堂的。《大唐中兴颂》碑更是各路书家效法的典范。

麓山寺碑

——历代书法家膜拜的珍品

　　以书法闻名天下的李邕，其人品和才情更为世人所敬重。他的父亲李善是一位正直博学的人，为官遭贬，后专心学术，所注萧统《文选》六十卷，至今被视为《文

李邕《麓山寺碑》

唐开元十八年（730年），碑高400厘米、宽144厘米，碑文28行，每行56字。碑头为半圆形，圆顶上饰有龙纹浮雕，上有阳文篆书"麓山寺碑"四字。现位于长沙岳麓书院内。

麓山寺碑原碑

麓山寺碑亭

选》最主要的注本之一。李邕天资聪慧，幼承家学，少年时以擅长辞章而成名，后被召为左拾遗，曾任户部员外郎、括州刺史、北海太守等职，人称"李北海"。他刚毅忠烈、嫉恶如仇。晚年在北海太守任上，遭人暗算，宰相李林甫将其定罪下狱，被酷吏活活打死。

据《宣和书谱》记载，李邕"资性超悟，才力过人，精于翰墨，行草之名尤著……文章书翰俱重于时……当时奉金帛而求邕书，前后所受巨万馀，自古未有如此之盛者也"。可见李邕生前其文章翰墨即受到极大追捧。唐代书法家、文学家李阳冰谓之"书中仙手"。魏晋以来，碑铭刻石，都用正书撰写。继唐太宗李世民《晋祠铭》后，李邕以行书书写碑文，个性突出，传世书迹以《麓山寺碑》《李思训碑》最为世人重视。

《麓山寺碑》亦称《岳麓寺碑》，李邕撰文并书，由江夏黄仙鹤勒石，但前人认为其实就是李邕的化名，真伪无考。此碑于唐开元十八年（730 年）立，位于长沙市岳麓书院教学斋后山坡上，1962 年建了护碑亭。今碑石右下角脱落一小块，缺损三分之一，毁 361 字，左方断裂一角，上半截从 16 行起，只字不存；下半截尚存 90 字。清代两江总督陶澍《观麓山寺碑旧拓本诗序》谈及碑石断裂原因："嘉庆初年，有达官遣吏拓取，不以法，碑遂裂，或云达官欲题名，曳碑倒，将以摹刻，故遂折裂。长沙知府沈廷汉和油灰集残字（共 94 字）另置碑侧，不能复旧观矣。"碑侧刻有宋代大书法家米芾的正书阴刻题名"元丰庚申元日，同广惠道人来，襄阳米芾"字样，"元丰庚申"即公元 1080 年。

李邕一生书写过的众多碑铭，以麓山寺碑最为精美，该碑笔力凝重雄健，气势纵横，如五岳之不可撼。笔法刚柔并施，章法参差错落，有如行云流水。北宋著名书法家黄庭坚评价此碑："字势豪逸，真复奇崛，所恨功务太深耳，少令功拙相半，使子敬（王献之）复生，不过如此。"清代大收藏家孙承泽认为："《岳麓寺碑》虽已残剥，然其锋颖尚凌厉不可一世。北海奇人，故所书尔尔……北海书宋初人不甚重之，至苏（苏轼）、米（米芾）而稍袭其法；又至赵文敏（赵孟頫），每作大书，看意以拟之矣。"后世书家，如苏轼、米芾都吸取了他的一些特点，元代的赵孟頫也极力追求他的笔意。艺术大师齐白石亦常年临习此帖，书艺大增。

《麓山寺碑》不仅记录了西晋以来历代名僧住持说法传经的历史，更以其辞章、书法、刻工"三绝"而享誉书坛，成为古今书法家膜拜的珍品。

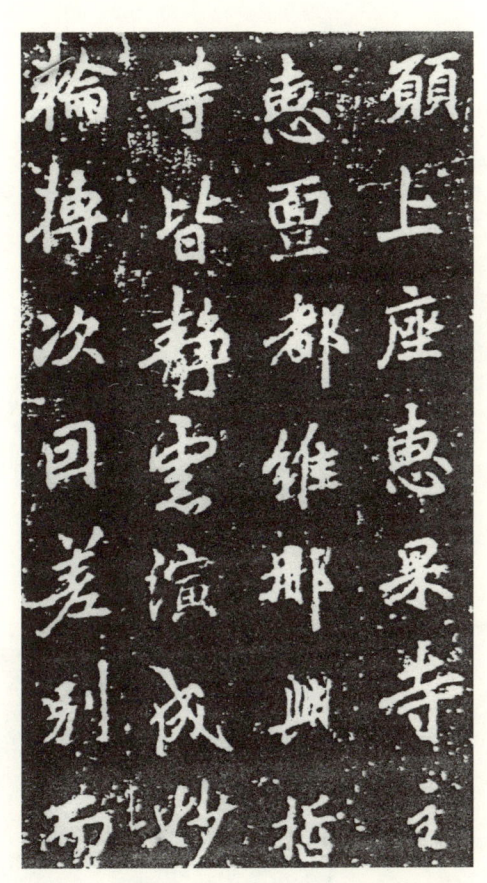

麓山寺碑（局部）

唐摹《兰亭序》
——弥足珍贵的勾摹本

　　《兰亭序》的出现，源于一次文人雅士的聚会。

　　在东晋时，民间有一风俗，每年阴历的三月三日，人们必须去河边玩一玩，以消除不祥，这叫"修禊"。东晋永和九年（353 年）三月初三，时任会稽内史、

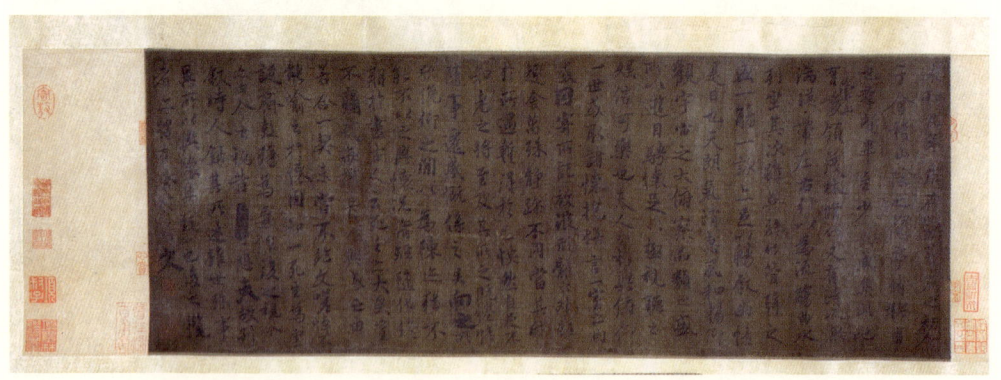

唐摹《兰亭序》

唐（618—907 年），纵 24.5 厘米、横 65.6 厘米，征集，湖南省博物馆藏。

右军将军的王羲之邀请谢安、孙绰等 40 多位文人雅士，聚于会稽山阴的兰亭修禊，曲水流觞，饮酒作诗。曲水流觞，也称之为曲水宴，所有名士列坐溪边，由书童将盛满酒的羽觞放入溪水中，随风而动，羽觞停在谁的位置，此人就得赋诗一首，倘若作不出来，就要罚酒三杯。正在众人沉醉在酒香诗美的回味之中时，有人提议将当日所做的三十七首诗汇编成集，是谓《兰亭集》。随即，众人又推王羲之写一篇《兰亭集序》。王羲之酒意正浓，满怀激情地用饱蘸墨汁的鼠须笔在蚕茧纸上畅意挥毫，一气呵成，写下了书法千古名篇《兰亭序》。

《兰亭序》又称"禊帖"，在中国书法史上有"天下第一行书"之美誉。其遒丽劲健的体势，自然儒雅的章法，千百年来一直是后世人学习行书的典范。在《兰亭序》中，王羲之脱尽魏晋以来用笔滞重的写法，创造出一种俊逸、雄健、流美的书风，其藻丽多姿的书体，潇洒自如的章法，开启了一代书法新风。

据有关文献资料记载，因唐太宗生前太珍爱王羲之的《兰亭序》，故他去世后，真迹作为殉品随他一道葬入了昭陵。后世所传的《兰亭序》墨迹，都是钩填本或临写本。存世的《兰亭序》中，以唐摹本最为珍贵，其中又以"神龙本"（现藏北京故宫博物院）最精，临摹者不但精确细致地表现了原笔法，就连墨气的浓淡、行款的疏密都十分自然。

传世的几种唐代临摹廓填本，如称虞世南本、褚遂良本、冯承素本等，彼此对照，在体势和行款方面，都互有出入。湖南省博物馆所藏唐摹《兰亭序》原托名为褚遂良所书，正文质地为绢本，黄褐色，亦称"黄绢本"。卷前引首有明代著名书画家、鉴赏家董其昌题书"墨宝"二字（残存）。卷中有明代书画鉴赏家项元汴藏印甚多。卷尾依次有明代许初，清代王澍、贺天钧等诸跋。1952 年由前湖南省文物管理委员会收购入藏，1958 年 6 月移交给湖南省博物馆收藏至今。其无论在过去还是在现在，无论在何处为何人所收藏，都被视为珍宝。

顾莼在跋文中称赞正文书法："虚和自绕古拙之趣，宋元诸大家不能追步。"梁章钜却认为："此本锋棱颇露，不若米跋本之精腴。""顾南雅（顾

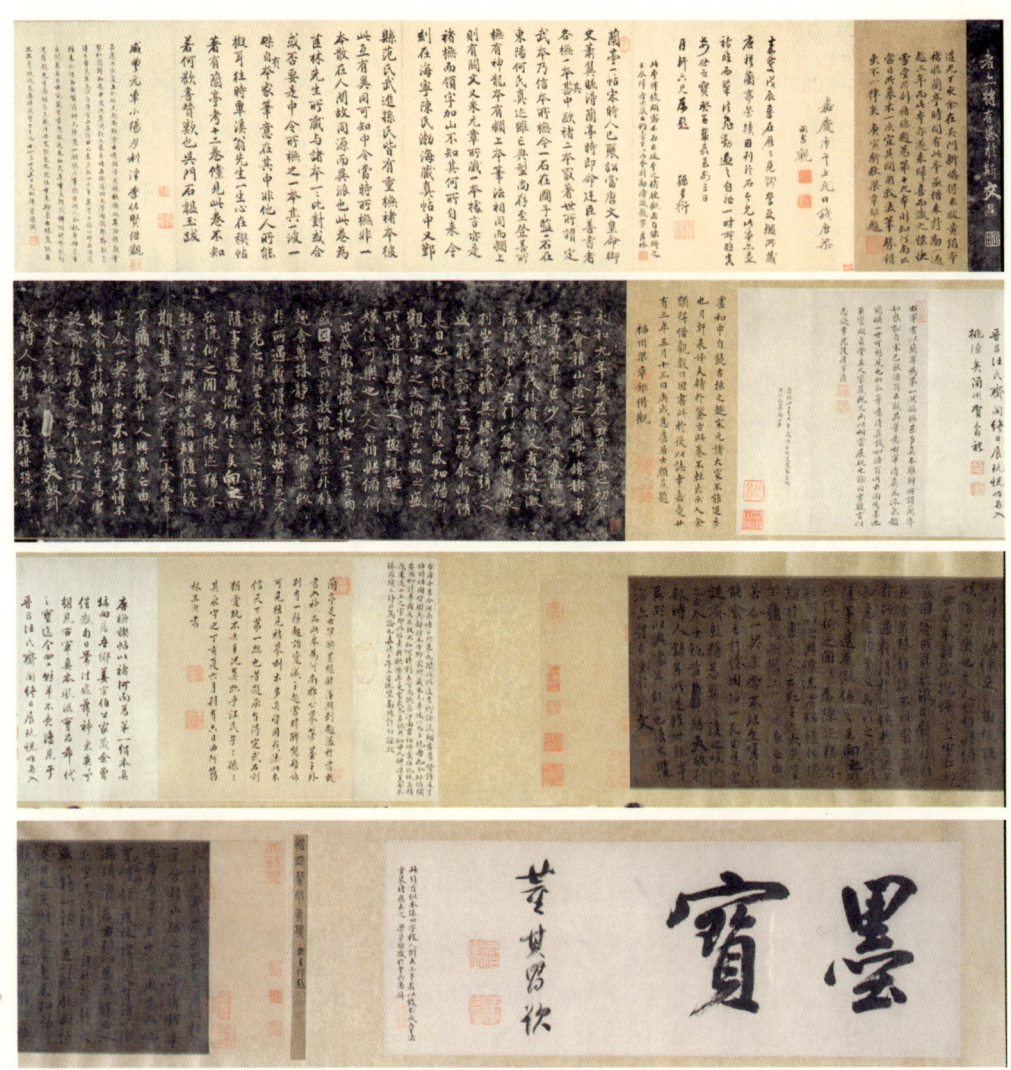

唐摹《兰亭序》（局部）

莼）跋所称'虚和古拙'者，尚未似也。"显然，梁章距对这卷摹本的评价与顾
莼的观点大相径庭。王澍评此卷："笔墨之外别有一种超诣变灭之趣，当时醉态
仿佛可见。"贺天钧称该帖："笔法飞舞，神采奕奕。"这些赞誉之词，也正是
初唐时期的书法特征。

惊世骇俗《千字文》
——怀素草书与绿天庵的文化渊源

　　永州市零陵区绿天庵的大片芭蕉林，随着季节的更替绿了又黄、黄了又绿，续写着岁月之歌。它们的主人早已远去，唯有留下的草书《千字文》石刻，依然静静地矗立在那里，任由时光的刻刀慢慢地刻上岁月的印痕。

　　因年代久远，怀素草书《千字文》石刻风化严重，可辨认的字迹并不多，所幸其书风尚存，就像残年旧岁里模糊的时光，给人留下千头万绪的联想。

　　此石刻是怀素30岁时的早年作品。从残存的字迹看，完全取法王羲之，点画自然率意，线条流畅生动，运笔疾速灵活，上下牵动，左右呼应，变化

怀素草书《千字文》石刻（残）
唐大历元年（766年），高215厘米、宽120厘米，首题《绿天庵瑞石帖》六篆字，原题"唐大历元年六月既望，怀素书"十二字。现位于永州市零陵区芝山医院内。

怀素（725—785年）画像

无穷，蕴涵丰富，表现了纯熟的技法和飞扬的神采。这一作品可以说是怀素蕉叶练字的总结性记录，也是他青少年时代书法创作的代表。

怀素字藏真，本姓钱，湖南长沙人，生于唐玄宗开元十三年（725年）。幼时家境贫寒，从小离开家乡长沙，流落到永州（今永州零陵），被清阳庵的长老收作小和尚。长老是个又厚道又胆小的人，怀素很尊敬他。怀素从小就爱读书，尤其酷爱书法，性情又极为活泼。到了清阳庵后，为了练字，他老是连吃饭和念经都忘记。有时高兴起来，就信手将字写在墙壁和各种器具上。长老感到又恼又爱，恼的是他不守庵规佛法，爱的是他的字写得确实好。

据说有一天清晨，长老喊醒怀素，说："徒弟，今天我有点不舒服，想多躺一会儿。你先去洒扫佛堂，接待香客。"怀素答应道："好，我这就起床！"他十分麻利地穿好衣服，洗了脸，却没有洒扫佛堂，而是磨了一砚浓墨，挥起大笔，又在墙壁和器具上写了起来。他越写兴致越浓，看见观音菩萨的衣带又白又长，正好练字，就在上面写了四句："我本泥塑木雕，自家命运不保。尔等善男信女，虔诚实在可笑。"

真不凑巧，早饭后，门外就吵吵嚷嚷，原来是刺史夫人带了小姐前来烧香。夫人和小姐下了轿，来到观音堂，发现了写在观音堂菩萨衣带上的题诗，刺史夫人就问长老诗是谁题的。长老一看笔迹，知道是怀素写的，只好支支吾吾地应付。刺史夫人限令长老交出这个乱写胡诌的人来，长老吓得心惊胆战，想把怀素叫来赔不是，怀素不肯出来。夫人立即叫随从将长老和怀素绑了，送进衙门，各打了30大板。刺史还责令长老把怀素赶出庵子，长老苦苦求情，才勉强将怀素留了下来。

长老经过这番折腾，已是气息奄奄。临死之前，长老嘱咐怀素："字要练好，但不要到处乱写乱画，以免招惹是非。"长老死后，这庵子就只剩下怀素一个人了。

怀素热爱书法，近乎痴迷。他主持清阳庵，却将庵规佛法抛在了脑后，从不间断地每天写字。时间久了，庵子所有可用来写字的纸都被写完，墙上也被写满了，到哪里找东西来代纸练字呢？就在怀素一筹莫展的时候，一阵南风吹来，掀动了窗外一丛芭蕉，肥大的叶子被吹得摇摇摆摆。怀素眼睛一亮：这芭蕉叶不是可以用来代纸写字吗？他马上砍来几张试写。芭蕉叶长幅宽，平整光滑，走笔轻快，完全可以用来代纸用。

窗外的那丛芭蕉没几天就用完了，要拿它当纸用，必须多种芭蕉。于是怀素到处寻芭蕉苗，在庵子的四周栽满芭蕉。芭蕉长得很快，不多时候，庵子周围成了茂密的芭蕉林。每天早上露水一干，怀素便砍上一叠芭蕉叶，铺在书桌上，纵情挥洒。他一天要写五十多张芭蕉叶。芭蕉叶砍了长，长了砍，叶越长越多，他的字也越写越好。笔写秃了一支又一支，抛到窗外，堆成了一座"笔山"，日子一久，秃笔腐朽成泥，变成了一个小土墩，成了人们所说的"笔冢"。

不经意间，芭蕉林越长越茂盛，从山下仰望清阳庵，一片翠绿，怀素就把"清阳庵"改名"绿天庵"。

怀素的性格疏放豪宕，不拘细行，又喜欢喝酒，每次喝得酩酊大醉，酒酣兴发，遇寺壁里墙、衣裳器皿，无所不书，时人称为"醉僧"。

有首诗描写怀素进行书法创作时的绝妙情形："粉壁长廊数十间，兴来小豁胸中气。忽然绝叫三五声，满壁纵横千万字。"五代僧人贯休也说他"醉来把笔猛如虎，粉壁素屏不问它"，称得上是"奇人奇事"。李白游湖南时，对怀素的草书特别赏识，作《草书歌行》称赞他"草书天下称独步"。

怀素的草书狂放而守法度，错杂而不凌乱，随意而又和谐，堪称稀世的艺术珍品，他不愧是驰骋穷宇、落笔天惊的大草书家。

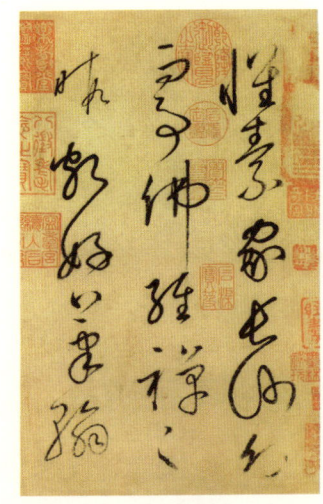

怀素草书《自叙帖》（局部）
唐大历十二年（777 年），纸本，纵 28.3 厘米、横 755 厘米，台北故宫博物院藏。

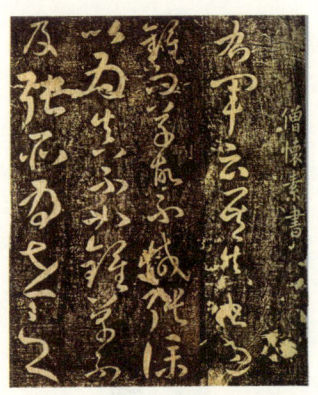

怀素《右军帖》（局部）
潘祖纯本，每页纵 23.7 厘米、横 12.8 厘米，上海博物馆藏。

溪州铜柱

——马楚治湘的法宝

溪州铜柱亦可称为"定州神柱",不仅是土家族历史珍贵无比的见证,也体现了五代马楚时期湖南的民族关系。

马楚前期,因受唐末农民起义与战乱影响,湖南不少地方仍动荡不安,而一些少数民族首领则聚众自保,发展地方势力。

由于楚王马殷政策和措施得力,不仅较快地平定了唐末以来湖湘少数民族"蛮酋"割据的局面,而且邻境少数民族豪酋亦前来投奔归顺。江西吉水人彭瑊投奔楚王马殷,授辰州刺史。909年,彭瑊联合地方蛮酋以武力统一溪州,任溪州刺史,成为彭氏政权在

溪州铜柱

后晋天福五年(940年),高约4米、每边宽17厘米,下端为圆形,直径39厘米,重约2500千克,为八面形空心柱。原立于永顺县野鸡坨下酉水河岸,1971年因建凤滩水库,迁至王村。湘西民俗风光馆藏。

溪州的第一世统治者，自此，彭氏势力进入溪州地区。910年，彭瑊战死，其子彭士愁袭任溪州刺史后，大肆扩张，除拥有世袭的上、中、下溪州外，还以下溪州刺史名义，兼另外17个州的"都誓主"，享有子孙世袭特权，并有进一步扩张野心。后晋天福四年（939年），彭士愁率万余人马征辰、澧二州，楚王马希范派大军镇压，血战经年，彭军惨败，被迫与楚议和结盟。后晋天福五年（940年），彭、马会盟于溪州会溪坪，立下了这根2500千克的铜柱，把双方的协议和誓言都刻在铜柱上，共有2000多字。盟约规定各自所辖地域，互不进犯。马楚对溪州属地免征赋税，不抽兵差，不强买土特产等，马楚军民不得随意进入溪州；溪州各部酋长如有罪过，只能由彭士愁惩处，马楚不能出兵干涉；确认彭士愁为溪州刺史。从此，彭氏以溪州划入马氏版图，并立下"永不复叛"的誓言，换取了以后长期的安定自治，换取了对当地各族人民的绝对统治，为彭氏800余年的土司王世业奠定了基础。

溪州之盟后，彭士愁结束了自己的政治生涯，退出湘西历史舞台。他的权力、地盘分别由两个儿子继承，大儿子彭师裕以长子的身份接管北区，成为日后永顺土司王之祖；二儿子彭师杲接管南区，成为日后保靖土司王之祖。溪州地区统归荆湖北路的辰州（今湖南沅陵县）管辖，但辰州与溪州之间多次围绕溪州铜柱而战，如 973 年、1017 年两次战火皆因辰州官兵迁移溪州铜柱而起，后双方歃血约盟，重立铜柱，并在原铜柱记文空处又麤刻了"复溪州铜柱记"。

溪州铜柱作为两个民族息战后和平共处的盟证，为历代统治阶级和少数民族地方首领共同推崇，它是中国历史上记录少数民族地区区域自治最有力的实证。

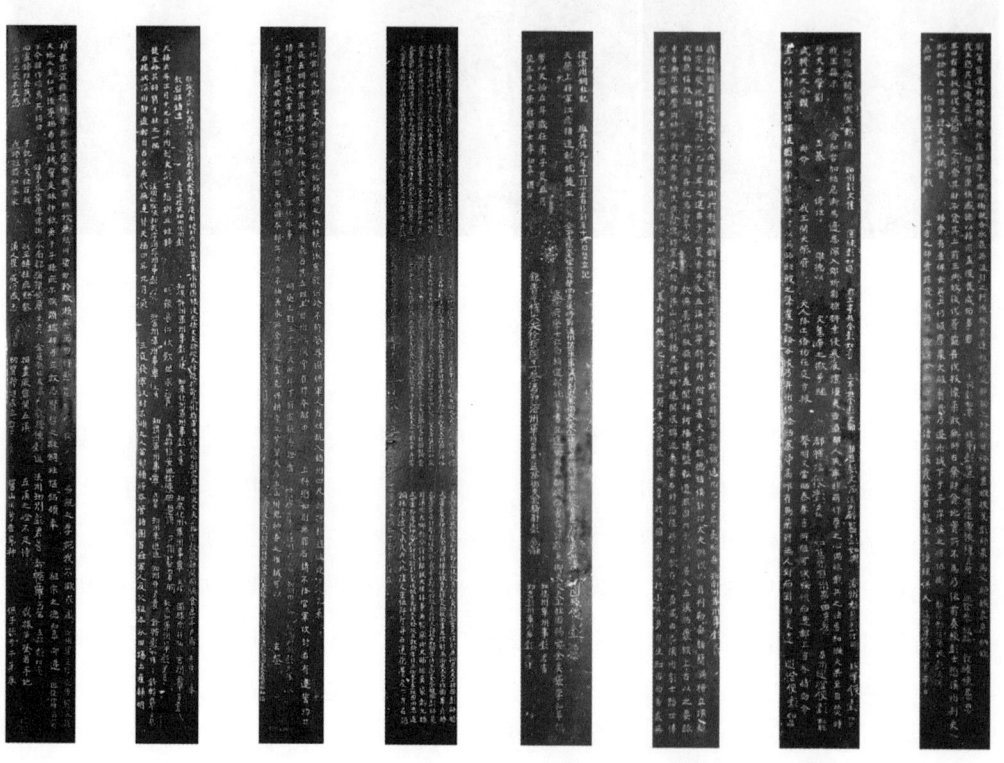

溪州铜柱八面

本书文物分布示意图
（宋元篇）

石门县
澧县
湖南桃核荷花鸳鸯鱼莲洗
龙山县
桑植县
慈利县
安乡县
临湘市
龙纹银盘、杯
华容县
岳阳市
湘西土家族苗族自治州
张家界市
常德市
临澧县
岳阳楼
永顺县
青花人物故事玉壶春瓶
钓经幢
南县
岳阳县
保靖县
古丈县
桃源县
汉寿县
沅江市
汨罗市
花垣县
沅陵县
湘阴县
平江县
吉首市
"壬元二十年"铜权
桃江县
益阳市
泸溪县
安化县
望城县
长沙县
岳麓书院
文靖书院
凤凰县
辰溪县
宁乡县
长沙市
浏阳市
麻阳苗族自治县
溆浦县
新化县
娄底市
韶山市
红砂石馆
湘潭市
株洲市
芷江侗族自治县
中方县
冷水江市
涟源县
湘乡市
湘潭市
株洲市
醴陵市
新晃侗族自治县
洪江市
双峰县
邵东县
衡阳县
衡东县
攸县
会同县
洞口县
隆回县
邵阳市
邵阳县
衡南县
衡阳市
茶陵县
靖州苗族侗族自治县
绥宁县
武冈市
祁东县
安仁县
炎陵县
通道侗族自治县
城步苗族自治县
新宁县
东安县
祁阳县
常宁市
来阳市
永兴县
桂东县
永州市
双牌县
新田县
桂阳县
苏仙岭三绝碑
资兴市
宁远县
嘉禾县
郴州市
女城濂溪书院
道县
蓝山县
临武县
汝城县
宜章县
江永县
江华瑶族自治县

风雨铁经幢
——劫后余存的"佛家之宝"

　　经幢是古代佛教特有的纪念性建筑，其上刻佛名或佛经，通常建于佛殿前，呈圆柱形或多边形，用石、木等材料建成，像湖南常德的铁经幢这样用白口铁材料铸造的，在全国十分罕见。

　　据《常德文物志》记载，这座铁经幢建于北宋初年，原位于常德市德山孤峰岭下乾明寺左侧。殿宇巍峨、飞檐流碧的乾明寺，朗州刺史薛廷望奉敕重修。寺内除了铁经幢，还有慧光塔、峋嵝塔、毗庐阁、八角亭、断桥、白龙井、乌龙井、钵盂泉；有唐宰相裴休题"古德禅院"匾额和刻石、唐"德山先和肖塔铭"、宋"德山乾明寺钟铭"、米芾"宝藏石刻"、张授"善德山"诗碣等重要文物。该寺住持、唐代著名禅师德山宣鉴在此讲授《金刚般若波罗蜜经》之后，本来就香客满门的乾明寺，更是海会云集，香火鼎盛，成了国内有名的禅院。因宣鉴讲授金刚经出名，世人便誉称他为"周金刚"，还将铁经幢称为"金刚塔"。

　　铁经幢用白口铁铸成，空心，下大上小，呈圆柱宝塔形。幢身共20层，由17节浇铸而成，全系公母榫相衔，各层间用石灰黏结，吻合严密，无分毫之差。第一层有八尊金刚力士浮雕像，面形勇猛，肌肉健壮，双手弯曲作顶托状，好像整座铁经幢是由这八位力士顶托而起；中部周围分别铸有8只相间的龙和狮子，

铁经幢

北宋建隆年间（960—963 年），高 4.33 米、底部直径 0.9 米，重 1520.8 千克，现坐落于常德市滨湖公园湖心岛上，1982 年被确定为全国重点文物保护单位。

造型生动，极具动感。第二层上部有莲花状装饰纹路；中部周围铸有十尊释迦牟尼像，披肩袒胸，合掌打坐；下部有四龙四狮，形象逼真，如奔似腾。第三层到第五层，用阴文刻有《般若波罗蜜多心经》和捐募人与铸造者的姓名及州府地方官名等，字体全用阴文，遒劲有力。第五层上部还有飞檐，八面挑角，甚为壮观。第六层有重复的莲花纹，中间铸有一圆拱门，双扉紧闭。第七层铸有五个象征东西南北中的五方法论。第八和第十一两层的上部有八角攒尖，每角有一圆形小孔，曾挂有铜铃，风吹铃动，发出清脆的叮当响声。其铸造年代比欧美发明白口铁要早数百年，为研究我国佛教史、冶炼史的重要物证。

在千年的历史风烟中，铁经幢一直岿然耸立。然而，在 20 世纪 50 年代和 70 年代，它几次差一点被毁。20 世纪 50 年代"大跃进"时期，不少铁制品被丢进熔炉大炼钢铁，这对于以生铁铸造的铁经幢来说，无疑是一次劫难。当时，铁经幢所在地建起了一家大型机械厂——七一机械厂，厂里时常会堆放许多铁器，不少没多久就生锈了。在工人师傅的心中，铁经幢不仅是佛教的神圣标志，而且被当作工艺、技术上的一个奇迹来崇拜。当有人提出要将铁经幢砸碎也丢进熔炉时，不少年长的师傅说，这个东西有千年了，都没有锈蚀掉，我们干吗要打掉？正是有了师傅们的极力保护，铁经幢得以幸免。在这之后，我国进行了一场大规模的文物普查，时任湖南省博物馆考古队副队长的戴亚东等人极力推荐和申报，铁经幢在1959年被确定为文物保护单位。

不久，"文化大革命"以风起云涌之势席卷全国，铁经幢附近的德山乾明寺被拆毁，浩劫的火苗又一次要烧到铁经幢了。关键时刻，七一机械厂的师傅们再次充当了它的保护神，文物考古专家也站出来据理力争，加上"文物保护单位"的身份，铁经幢再一次幸免于难。

因为乾明寺已经不复存在，1979年，铁经幢被迁到了滨湖公园湖心岛，建在八方形、高1.42米的石座上，并正式对外开放。然而，有一天，10多个游客无视保护铁经幢的禁令告示，翻越保护栏杆，攀爬到铁经幢上照相。由于受压过重，铁经幢失去平衡而倒塌成12节，其中4节被摔成30余块。虽然经湖南省博物馆修复专家和专业人员研究配料与工艺，对其进行了特殊的焊接修复，但焊接处容易锈蚀，留下了漫长的隐痛。

岳阳楼
——千古名文诞生地

"洞庭天下水，岳阳天下楼。"一水一楼，大美于天下。

岳阳楼始建于三国东吴时期，与武汉黄鹤楼、南昌滕王阁并称"江南三大名楼"。千百年来，无数文人墨客在此登楼览胜，凭栏抒怀，并记之于文，咏之于诗，形之于画，使之成为艺术创作中经久不衰的主题。

现存岳阳楼，重建于清光绪五年（1879年），矗立于岳阳西城墙上，坐东向西，

岳阳楼
通高近20米，屋顶为四坡盔顶，覆黄琉璃瓦，翼角高翘。位于岳阳市东洞庭湖畔西门城头，1988年被确定为全国重点文物保护单位。

面临洞庭湖，遥望君山，是中国现存最大的纯木质盔顶建筑。

岳阳楼虽在唐代已有名，但名声大振成为"天下楼"，是在北宋滕子京重修、范仲淹作《岳阳楼记》之后。

滕子京是河南洛阳人，与范

清代张照书写的《岳阳楼记》

仲淹同为大中祥符八年（1015 年）进士，曾在朝廷为官。他才华横溢，办事能力强，因而受人嫉妒，遭人诬告，于庆历四年（1044 年）被贬到远离京都的岳州，也就是现在的湖南岳阳，担任岳州知府。

初到岳州，滕子京内心的悲凉是难以言喻的。为了排解自己的忧愁，他把主要精力放在了岳州的建设上。刚上任不久，他便办了三件实事：第一件是在岳阳楼前的洞庭湖修筑偃洪堤，以防御洞庭湖汹涌的波涛；第二件是兴办郡学，培养人才；第三件是重修岳阳楼。岳州呈现"政通人和，百废俱兴"的繁荣景象，朝野一片称好。

岳阳楼的重修，是滕子京到岳州的第二年开始的，他在这项工程的建设方面倾注了相当大的精力。他认为原有楼台不甚宏丽，衬托不出君山、洞庭的壮美，而新修的岳阳楼，一定要讲究气势和神韵。因此，他从岳阳楼的构图到材料的选择、工程质量一一把关，绝不允许出半点差错。果然，新修竣的楼台规模宏大，重楼殿阁严谨精巧。水天一色中的岳阳楼，成了岳州最具标志性的建筑！

如此壮观的楼阁，如果没有名篇记述它，不就如同一个人虚有外表而不见精神吗？要使楼台永存下去，必须有名家高手、雄才巨卿为楼作记。想来想去，滕

范仲淹（989—1052 年）画像

子京想到了被谪贬在邓州做地方官的著名政治家、好友范仲淹。

庆历六年（1046 年）六月十五日，滕子京亲笔给范仲淹写了一封《求书记》的信，请他为岳阳楼作记，并绘了一幅《洞庭秋晚图》随信寄去。

范仲淹收到滕子京的信后，心潮起伏，既为好友在岳州的政绩感到自豪和欣慰，又为好友信中字里行间透露出来的哀伤、郁愤而难过和担心。他决定趁此机会好好劝慰一下滕子京。

范仲淹在小的时候跟随他的继父来过湖南，岳州给他的印象是极深的，他曾被那"衔远山，吞长江，浩浩荡荡，横无际涯，朝晖夕阴，气象万千"的洞庭湖所吸引。因此，要他给岳阳楼作记，可以说是胸有成竹。他在《岳阳楼记》中，把洞庭湖的景色描绘得淋漓尽致，如诗如画："若春和景明，波澜不惊，上下天光，一碧万顷"；或"长烟一空，皓月千里，浮光跃金，静影沉璧"。

为了安慰好友遭贬谪后的忧郁心情，范仲淹在《岳阳楼记》中说，有的人望洞庭风雨，萧条满目，感极而悲；有的人看晴波万顷，浮光跃金，其喜洋洋。但他以为士大夫不能因物而喜，不当以己而悲；应当胸怀天下，先天下之忧而忧，后天下之乐而乐。

范仲淹在《岳阳楼记》中所表达的积极的人生态度和远大的政治抱负以及对志同道合的好友的同情、劝勉，使滕子京心潮澎湃，并盛赞此文"内容博大，哲理精深，是一篇血肉丰满的千古名文"。然后，滕子京请著名书法家和篆刻家将此文制成精美雕屏，置放在楼内。自此之后，岳阳楼名满天下。

汝城濂溪书院
——周敦颐郴州创理学

"濂溪"即理学鼻祖周敦颐，道州营道县（即湖南道县）人，晚年因筑室庐山莲花峰下，以故里濂溪河为名，后人遂称之为"濂溪先生"，曾任北宋桂阳（今汝城）县令，是"上承孔孟、下启程朱"的孔门先贤。

周敦颐少年时父母双亡，孤苦伶仃，靠舅父抚育成才。24岁时，被任命为洪州（今南昌）分宁县（今江西修水县）主簿，他爱护百姓，清正廉洁，尽心职事，颇有政声。仁宗庆历六年（1046年）冬，被荐为郴州郴县县令。皇祐二年（1050年），改任郴州桂阳县令。郴州11年，可以说就是周敦颐理学思想的形成时期。

周敦颐所处的时代，政治上统一，思想上儒、佛、道并行，但各种社会矛盾开始出现并日趋激化。为巩固封建统治，维护封建的伦理纲常，以达到长治久安，统治者迫切需要建立一套融自然观、认识观及道德修养方法于一体的统治哲学，周敦颐以孔、孟儒家思想为核心，吸收佛、道思想充实儒家哲学，形成了自己的思想体系，产生了以穷尽性理为宗旨的新儒学——理学。其特点是糅合儒、佛、道三家，取其所长，把古代哲学的抽象思维能力和逻辑推理能力发展到一个新的高峰。

周敦颐开理学之先河，他最引为自豪的一件事就是庆历六年（1046年），在

汝城濂溪书院希濂堂

南安（今江西大余县）任司理参军时，收了生平最得意的两个弟子：程颢、程颐，他俩后来都成了宋代的理学大师。周敦颐把他的理学思想倾囊传授给二程，二程进步极快，为以后理学的完善打下了坚实的基础。遗憾的是，师徒三人相处不足一年。因为那年冬天，周敦颐被调到了郴州郴县当县令。

到郴州后，周敦颐依然不改勤于吏治、兢兢业业为老百姓办好事的心性，更没放松探寻理学的奥秘。他在郴州做的第一件事，就是修建学校，进学授徒。他不仅言行政事以六经为本，而且以儒家孔孟学说教授学生，告诫学生做人要"廉于取名而锐于求志，所取少而奉献多"。他一边授徒，一边潜心研究，终于集儒、道、佛之大成，形成了独具一格的理学思想体系。

他的理学继承《易传》及道家某些思想，以太极为理，阴阳五行为气，试图以太极阴阳阐明宇宙发生。他将虚无精神本体"太极"作为物质性的"气"之本原，由太极动静而分阴阳，阴阳变化生五行精气，阴阳五行互相作用，化生万物，变化无穷。他强调"主静""无欲"，使心灵虚静，明理通达，以臻人类最高准则"人极"，达到道德的最高境界。周敦颐的这些思想，极合统治者的口味，后来经程颐、程颢、朱熹的不断完善，最终成为宋代的官方哲学。周敦颐因此被视为上承孔孟，下启二程的硕儒，理学著作有经朱熹整理的《太极图说》和《通书》40篇，后人编有《周子全书》。

周敦颐在郴州期间，经常到城南一带赏莲。某日，同一位白发老农着意交谈，盛赞莲花"出淤泥而不染，濯清涟而不妖"的清高品质，称莲是"花之君子"。他的这些富有哲理的言谈名句，深得老农赞赏，并一直流传至今。诗人黄庭坚对他的评价很高，说他是"人品甚高，胸怀洒落，如风光霁月"。

为了纪念这位理学家、思想家，后人便在郴州桂阳（今汝城）西郊金凤岭山麓建了一座书院，名为"濂溪书院"。

周敦颐（1017—1073 年）画像

岳麓书院濂溪祠

岳麓书院
——湖湘文化的圣殿

岳麓山与岳麓书院千年不变的牵手和凝眸，深藏了多少前朝往事与世事沉浮，几乎无人能尽然洞悉。

岳麓书院由潭州太守朱洞创办于北宋开宝九年（976年），位于岳麓山东面山下，为宋初四大书院之首，是我国古代著名的最高学府。张栻《岳麓书院记》载："湘西故有藏室，背陵而面壑，

岳麓书院

始建于北宋开宝九年（976年），位于长沙市湘江西岸岳麓山下，由文昌阁、御书楼、六君子堂、十彝器堂、濂溪祠、湘水校经堂、赫曦台、自卑亭等古建筑组成，1988年被确定为第三批全国重点文物保护单位。

木茂而泉洁。为士子肄业之地。始，开宝中郡守朱洞首度基创置，以待四方学者。"

　　在北宋时期的 150 年中，岳麓书院颇受当朝帝王的重视。宋咸平四年（1001 年），宋真宗赐国子监经籍。大中祥符八年（1015 年），宋真宗又亲自召见书院山长周式，对周式兴学颇为嘉许，亲书"岳麓书院"匾额。在周式执掌下，岳麓书院的从学人数和院舍规模可谓与日俱增，书院之名称闻天下，有"潇湘洙泗"之誉。但岳麓书院真正辉煌时期，当推南宋的张栻主持书院的时期。

朱熹（1130—1200 年）画像

　　张栻是南宋著名抗战派将领张浚的儿子，四川绵竹人。在张浚被秦桧等奸贼陷害而谪居永州期间，张栻也随其父来到湖南。当时，名儒胡安国的儿子胡宏正在衡山讲学，张栻就投拜到胡宏门下，探求孔孟之道及北宋程颐、程颢的学说，对理学有很深造诣。绍兴三十一年（1161 年），张栻随其父来到长沙，住在妙高峰下。他经常邀请一些学者相与讲习，并在

位于宁乡官山村的张栻（1132—1180 年）墓

自己的寓所建立了城南书院，收徒讲学，传播理学。1165 年，湖南安抚使刘珙重建被战火毁坏的岳麓书院，并特请在研究传播理学方面颇负盛名的张栻主持教学。

　　胡宏的弟子张栻可称为湖湘学派的一代宗师。黄宗羲《宋元学案》中的《岳麓诸儒学案》所称的"岳麓巨子"中的胡大时、吴猎、彭龟年、陆九言等，都是张栻主持岳麓书院时培养的得意门生。

　　与此同时，朱熹也考取进士。在没有得到朝廷重用的情况下，朱熹便四处讲学，著书立说。他听说张栻获得了名儒胡宏先生的真传，深明孔孟学说的精要，传播理学，享誉四方，便于宋孝宗乾道三年（1167 年）八月，带着自己的得意门生林用中，千里迢迢从福建来长沙访问张栻。

朱熹手书"忠孝廉节"石碑

每碑高 213 厘米、宽 141 厘米，字高 169 厘米、宽 122 厘米，每字一碑，分嵌在岳麓书院讲堂左右两壁。

张栻对朱熹也同样久存敬意，两人一见倾心，相见如故。他们在岳麓书院促膝探讨理学要理，常常夜以继日，废寝忘食。张栻还邀集大批学士，一起来听朱熹解说《大学》《中庸》。

朱熹对岳麓书院所在的岳麓山的自然风光非常赞赏，他从书院左侧沿山道而上，游赏之中，兴之所发，依次为山景取名题匾。他将半山腰题名为"道中庸"，往上题为"道乡台"，再往上题为"极高明"，将顶峰称之为"赫曦"，以此颂扬岳麓山首沾朝辉的博大雄伟。

朱熹在长沙停留的两个多月里，应张栻之请，一直忙于在岳麓、城南书院讲学，并亲自为岳麓书院手书"忠孝廉节"四字。为了讨论学术，朱熹、张栻大张讲坛，四面八方前来岳麓书院求学问道的书生学者络绎不绝，真是"马饮则池水立涸，舆止则冠冕塞途"，盛况空前，以致不得不在道林寺的旁边另建宿舍，以安顿这些前来求学的人。

朱熹与张栻在岳麓书院讲学的内容，其实是以朱熹为代表的闽学派和以张栻为代表的湖湘学派两大学派之间的学术交流和融合，这对湖南当时的学术思想和社会风气产生了很大影响，使湖南读书务学的风气空前高涨。

绍熙五年（1194 年），自岳麓会讲 27 年之后，任荆湖南路安抚使的朱熹再次来到潭州，重整岳麓书院，颁行《朱子书院教条》。经过他的整治，岳麓书院再次进入繁盛时期，并被视为湖湘文化的象征，湖南的文化圣殿。

苏仙岭三绝碑
——秦观谪贬郴州的遗迹

在郴州市东北两公里苏仙岭下白鹿洞石壁上，有一块青石摩崖石刻，内容为《踏莎行·郴州旅舍》词文，诉说了北宋著名词人秦观贬谪郴州的一段往事。

秦观（1049—1100 年），字少游，又字太虚，号淮海居士，江苏高邮人，苏东坡的弟子，与黄庭坚、晁补之、张耒并称苏门四学士，是北宋著名词人。37 岁时（1086 年）考中进士，后经苏轼推荐，当过太学博士、国史院编修官。其词作多写男女情爱，文笔细腻，婉丽清雅，为婉约派词人代表。

元祐九年（1094 年），太后高氏崩，哲宗亲政，改元绍圣。这时政局发生了重大变化，章惇、蔡京等先后执政，复行新法，将元祐时期的官员一概贬斥、放逐。苏轼兄弟、黄庭坚、秦观等纷纷被逐出京师。起初，秦观被贬为杭州通判，再贬处州（今浙江丽水）监督酒税，绍圣三年（1096 年）又被削官为民，流放到当时被称作蛮夷之地的郴州，作为平民百姓由地方官吏严加管束。

秦观到了郴州，想到自己竟然成了一个待罪他乡的孤客，顿然生出"迢迢清夜徂"的酸楚。他那种思念故乡却回不了故乡、盼望亲朋挚友书信往来却是"衡阳犹有雁传书，郴阳和雁无"的悲痛无处诉说，对朋友的关心、北归的失望，让他内心的惆怅和孤苦一层深过一层。绍圣四年（1097 年）初春，朝廷党争的骇闻

苏仙岭三绝碑

南宋咸淳二年（1266年），碑高30厘米、宽50厘米，碑文共11行，每行8字，行书。下截为南宋咸淳二年郴州知军邹恭跋，13行，每行10字，正书，说明刻此词的始末。现位于郴州苏仙岭白鹿洞石壁上。

传来，秦观内心那种积成了"无重数"的悲愤和痛楚，更像高耸入云的大山一样压得他喘不过气来。就在这种心境之下，他写下了有名的《踏莎行·郴州旅舍》：

"雾失楼台，月迷津渡，桃源望断无寻处。可堪孤馆闭春寒，杜鹃声里斜阳暮。驿寄梅花，鱼传尺素，砌成此恨无重数。郴江幸自绕郴山，为谁流下潇湘去？"

他觉得自己的命运不可捉摸，就像那郴江的流水，静静地环绕着郴山流淌，却不知为什么流淌，为谁而流淌。这首词写出了秦观被削职后那种凄楚难言的隐衷，堪称千古绝唱，得到了大文学家苏轼的高度赞扬。

苏轼不仅是北宋著名豪放派词人，还是一代书法大家。他与秦少游既是师生关系，又是很好的朋友，还是直接的亲戚。他和秦观经常在一起宴饮唱和，还流传不少趣闻佚事。《新编绘图今古奇观》第五十八卷就记叙了"苏小妹三难新郎"的历史演义，说秦少游爱上苏东坡的妹妹苏小妹后，特请苏东坡做媒。这苏小妹也是个才女，出了三个难题故意刁难秦观，要他完全答对才接受这门婚事。大才子秦观还真被小才女苏小妹给难住了，幸亏苏轼暗中提示，才给秦观解了围。

1100 年，秦观含愤去世后，苏轼于伤感之时，特地为这首词写下跋语："少游已矣，虽万人何赎！"后来，著名书法家米芾获得秦观词、苏轼跋，感慨良多，即挥毫一并书写下来。到了南宋年间，郴州知军邹恭特地令人将米芾所书秦词、苏跋摹刻在苏仙岭的一块大石壁上，人称"三绝碑"。

碑文 1959 年加深一次，弄坏二字，1980 年据米芾帖修补。现倚石壁建有护碑亭，石刻字迹清晰。迎面品读，让人仿佛又见凄楚悲愁的秦观徘徊郴州旅舍临江楼台的清瘦背影。

三绝碑亭

《苏仙岭三绝碑》翻刻照

宋人鸜鹆图

——一幅稀世珍品的来龙去脉

　　鸜鹆是鸲鹆的别名，俗名八哥，又称鹦鹆、寒皋、华华等。它聪明乖巧，与其他鸟类不同，易与人亲近，常被人作为宠物鸟类饲养。鸜鹆其貌不扬，其声不佳，却常常入诗入画，千百年来受到世人喜爱。

　　我们现在能欣赏到这幅珍贵的《宋人鸜鹆图》，还要从它的捐赠者、大收藏家易元九先生说起。

　　易元九（1911—2000年），字家勋，号元九，湖南长沙人，湖南省文史研究馆馆员。他诗词、书画、篆刻无所不通，同时还是鉴赏家、收藏家。在中国那段动荡不安的年代里，许多珍贵文物惨遭灭顶之灾，出于赤诚的爱国之心，易元九尽自己所能，广收文物，使许多文物免遭劫难，《宋人鸜鹆图》是其中之一。

　　据知情人介绍，20世纪40年代的一个秋天，易元九在长沙古文物一条街上溜达，一个老者身旁一幅不起眼的团扇画吸引了他。易元九打开破旧的封面后，顿时惊呆了，他感觉到，眼前这幅昏黄、略显破烂的画是一件极其珍贵的文物。他试探性地问老者，这幅画的价格是多少？没有想到，老者报了一个很低的价钱，并且还说："这件破旧的团扇面一无款识，二无印鉴，摆了很久都无人问津，您喜欢就随便出个价钱拿去吧。"易元九当即买下了这幅画。

《宋人鹦鸲图》

宋（960—1279 年），纵 23 厘米、横 24.2 厘米，1980 年易元九先生捐赠，长沙市博物馆藏。

　　为何易元九觉得这幅画是极为珍贵的文物呢？因为他深谙其中的微妙。

　　宋代，随着绘画艺术的蓬勃发展，特别是山水画、花鸟画在唐末、五代基础上得到空前的提高，加上皇帝对扇面艺术的重视，书画扇面相应得到飞速发展，臻于顶峰。《书继》中载："政和间，徽宗每有画扇，则六宫诸邸竞皆临仿一样，或至数百本。"两宋盛极一时的画扇，创作了大批不朽之作。这些小至花鸟画中的野草闲花、昆虫禽鱼，都运以精心，出以妙笔。同时因为宋代的画，不题字，也不盖章，大多是佚名的。

　　这幅绢本《鹦鸲图》扇面，上横挑一秋枝，枝干坚挺，枝上侧立一八哥，羽毛丰满，显出蓬松柔软的质感。八哥的双爪紧握枝干，坚实有力，角质描绘细腻，质感颇强，笔墨细润。在表现技法上，八哥刻画得极为精微，一根一根的羽毛一丝不苟地画了出来，使其体态优美，神采奕奕，栩栩如生。树枝则兼工带写，寥寥数笔，取得了以少胜多的效果。这张画使用的绢面也很特别，虽然因为年代久远，乍一看发暗发黄，但暗而不浑，丝线紧密有序，与一般劣质绢迥然不同。所以，易元九认为此团扇面非同一般，应该是两宋时期的高手所制。

一直将此画当作命根子一样妥善保存着的易元九，于1980年将其毫不犹豫地慷慨捐赠给了国家，由当时的长沙市文物工作队接收。1981年，"华夏辨画第一人"徐邦达确认《宋人鹦鹆图》是宋代真迹无疑，欣然写下"宋人鹦鹆图 邦达"七个字，钤上白文印"徐"。

该画历经了近千年岁月，仍然完整地保存至今，十分珍贵，被鉴定为国家一级文物。

铜权与货币

——元代湖南地区经商流通实况

权，即秤锤，又叫秤砣，与衡（秤杆）相佐，其作用是"所以称物平施，知轻重也"。古代的铜权其实就相当于现代的秤砣。铜权是国家度量衡的标准器物，作为重量衡器的标准，具有极高的历史价值。

1993 年 8 月，桃江县洪桥头乡洪桥村砖瓦厂农民在取土时，

"至元二十年"铜权

元至元二十年（1283 年），高 22 厘米、底径 13.4 厘米、腹围 43 厘米，重 10.75 千克，其形制为束腰圆柱体，方环鼻，上有穿孔，呈灰绿色，黄铜铸造，权体上铸有铭文，正面为"至元二十年"六字，左侧刻有似"皇"字押记，字径 6 厘米，权背面为"潭州路造"四字，字呈浮雕状，权身束腰，下铸有叠涩形式外延的喇叭形权座，形状规整精美。1993 年桃江洪桥头乡洪桥村砖瓦厂出土，湖南省博物馆藏。

发现了一件铜权。该铜权由"潭州路"制造于元世祖忽必烈时期的"至元二十年"，即公元1283年。"潭州路"是元代省一级的行政机构建制。据《湖南通志》记载：潭州，州名，秦置长沙郡，汉为长沙国，隋开皇九年置潭州，此地有昭潭而名，元置潭州路，明洪武五年改长沙府，故治即今湖南长沙市。

据文献记载，太古之时是用水来做衡量之物的，大概到黄帝时，才开始制造木权，故权字为木旁。秦始皇二十六年，颁诏于天下，改铸铜权，秦权呈半球形，上有鼻纽，铭文环而刻之，遍行于全国，度量值基本统一，每斤重250克。汉代沿袭秦代旧制。到王莽时期，变更度量衡制度，铜权变为环形权。北朝时期，权的器型分为两类，一类为秦汉类铜权；一类接近于现代秤砣，形状有瓜式、葫芦式等。隋唐后，开始铸造铁权，不过铜权仍然居多数，但单位值很不统一，大大超过了允许误差的范围。元代是中国蒙古族建立的朝代，幅员之大，超过历史上任何朝代。同时元代也是一个十分重视发展商品经济的朝代，中央政府不仅统一了货币发行，还对商品流通领域的重要媒介，即度量衡，进行了严格管理。其形制基本统一，只是权身有所变化，铜权上不仅标出它的铸造时间，还要说明此权的监造机关，甚至铸造者姓名，以求衡器的准确。

目前，国内各地博物馆收藏有多件元代铜权，可如此大的重器，在湖南是首次发现。这从一个侧面说明了元代湖南地区经济、商贸流通的繁荣，出土的同时代货币、商业广告也证明了这一点。

1985年10月，湖南沅陵县黄澄存夫妇墓出土了至元通行宝钞。该钞面额为贰佰文，钞面上部"贰佰文"两旁字样下印有钱串图案，这是至元钞特征之

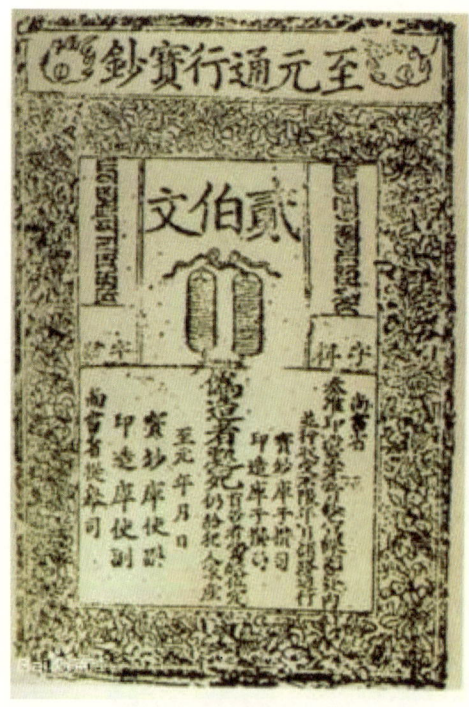

至元通行宝钞
元（1271—1368年），长28厘米、宽19厘米，1985年沅陵黄澄存夫妇墓出土，沅陵县博物馆藏。

一。"贰佰文"两旁印有八思巴文各一行，左为"至元宝钞"字样，右是"诸路通行"四字。至元通行宝钞简称元宝钞、至元钞。元至元二十四年（1287年）开始印行。票面额共分十一种：伍文、拾文、贰拾文、叁拾文、伍拾文、壹佰文、贰佰文、叁佰文、伍佰文、壹贯文、贰贯文。至元钞与1260年元世祖忽必烈发行的中统元宝交钞并行，兑换的比例是一比

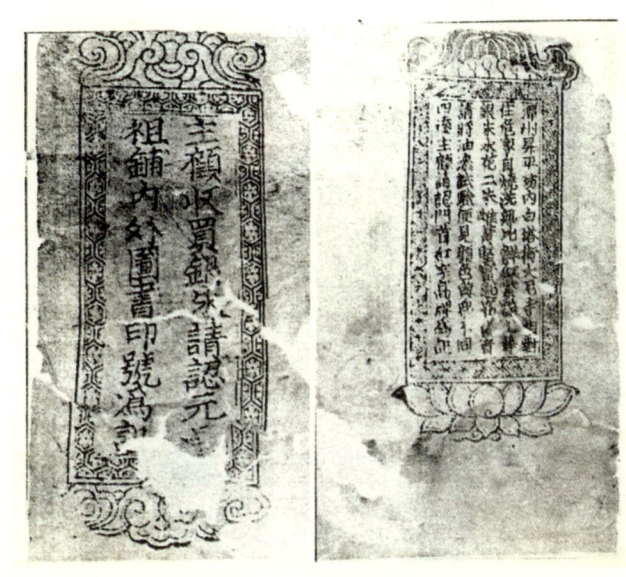

沅陵县黄澄存夫妇墓出土的元代商业广告摹本

五，即一贯至元钞相当于中统钞五贯、二贯当白银一两，二十贯当赤金一两。至元通行宝钞成为元代流通的重要纸币，一直使用到1350年。此外，该墓还出土了两张商品包装纸，为黄白色的毛边纸。印文中有典型的广告用语，朱色印记则是防伪标记。经考证为胭脂广告。

这些出土的铜权、宝钞和广告，就是元代湖南地区经济繁荣、商贸昌盛的最好物证。

铜豆

——文靖书院的实物见证

铜豆

元大德乙巳年（1305年），通高21.6厘米、盖径15.5厘米，
湖南省博物馆藏。

自汉代"罢黜百家、独尊儒术"以来，官方和民间的各书院和讲学场所，逐渐形成了悬挂孔子画像、祭祀孔子的习俗，文人士子，皆以孔子为尊。《元史》记载了祭祀孔子所用物品："牲用牛一、羊五、豕五"；动物形尊有"以牺尊实泛齐，象尊实醴齐"；器皿有"笾十，豆十，簠二，簋二，登三，铏三、俎三，有毛血豆，正配位同。笾豆皆二，簠一，簋一，俎一，从祀皆同"。当时的祭祀盛况由此可窥一斑。

湖南省博物馆所藏的相关

"文靖书院" 铜簠

元大德乙巳年（1305年），通高12.8厘米、口径 22.5×17厘米，湖南省博物馆藏。

"文靖书院" 铜器座

元大德乙巳年（1305年），高2厘米、长25.5厘米、宽25厘米，衡阳市博物馆藏。

祭器，除了铜豆，还有铜簠10多件。这件铜豆由盖、器身和喇叭形高圈足三部分组成。器身为浅盘，盘底有铭文："大元大德乙巳（1305年）四月贰日丙午潭州路浏阳文靖书院之宝始供祀吏铣山修司其永保用。"由此可知，这是元代浏阳文靖书院的祭祀礼器，是文靖书院的实物见证。

关于文靖书院的来龙去脉，还得从北宋杨时说起。

杨时（1053—1135年）是福建将东人，少年成名，曾就学于洛阳著名学者程颢门下。程颢死前，又将他推荐到其弟弟程颐门下，在洛阳伊川所建的伊川书院求学。尽管那时杨时已年届四十，学问也相当高，但他谦虚谨慎，不骄不躁，尊师敬友，被程颐视为得意门生而得其真传。

一天，杨时与同学游酢去程颐处请教学问，赶上老师正在屋中打盹儿。为不惊醒老师，他们静立门口，等待老师醒来。一会儿，天空飘起了鹅毛大雪，他们还立在雪中。游酢实在冻得受不了，几次想叫醒老师，都被杨时拦住。直到程颐一觉醒来，赫然发现门外的两个雪人，深受感动，从此更加尽力教杨时。杨时也不孚众望，得到老师真传，回到南方传播程氏理学，且形成独家学派，世称"龟山先生"。后人称杨时为"程氏正宗"，并有了"程门立雪"的典故，用来激励那些求学师门、诚心专志、尊师重道的学子。

宋哲宗绍圣元年（1094年），杨时到浏阳任知县，兴建了飞鹗亭和归鸿阁，并亲自作记。若干年后，以飞鹗亭为主景的"飞鹗芳草"和以归鸿阁为主景的"鸿

"大德乙巳"铜爵

元大德乙巳年（1305 年），通高 23 厘米、流长 17.5 厘米，衡阳市博物馆藏。

"龟山先生"铜壶

元（1271—1368 年），通高 40 厘米、口径 11 厘米、足径 15.2 厘米，衡阳市博物馆藏。

"文靖书院"铜炉

元（1271—1368 年），通高 35 厘米、口径 20 厘米，衡阳市博物馆藏。

阁斜阳"，都分别成为浏阳八景之一。同时，他满怀教育激情，于城南开堂讲学，创办了书院。书院建立后，吸引了众多著名学者前来浏阳切磋学问，如南宋著名理学家、教育家朱熹、张栻等，盛极一时。

后人因此建书院于向阳门内西街，以其谥号"文靖"为名，并建龟山祠祀之，可惜在宋末被废。直到至元三十年（1293 年）进行修复，聘请隐居 17 年之久的欧阳龙生为山长，才又重新焕发生机。明成化年间，改其为龟山祠，书院遂废，今已不复存在。据《浏阳县志》记载，文靖书院建在县治南向阳门内西街，与此吻合。

宋、元时期是中国封建社会转型时期，皇权日益加强，封建城市和商业经济高度发展。统治者、士大夫试图从《周礼》中寻找成规，故推崇夏、商、周三代礼乐制度，想借此规范社会行为，政府有不同规模的仿制三代青铜器之举。仿制古代礼器是"古为今用"，旨在为当时的礼乐制度服务。元代祭祀器组合，是宋代祭祀制度的进一步发展。

玉壶先春
——青花人物故事玉壶春瓶幕后

随着历史的脚步渐行渐远的青花瓷，因为青花人物故事玉壶春瓶与两件直径达 45 厘米的青花大盘的同时出土，让我们听到了元代青花瓷产销两旺的强劲脉搏的回音。

玉壶春瓶不仅名字优美，造型也很美，宛如亭亭少女，清丽脱俗。唐时多称酒为"春"，后代沿用，诗意依然。玉壶春瓶即古代的酒瓶，古人还有"玉壶先春""玉壶买春"的说法，拿个瓶

青花人物故事玉壶春瓶
元（1271—1368 年），高 30 厘米、口径 8.4 厘米、足径 9 厘米，撇口、细长颈、垂腹、圈足。1956 年桃源陬市窖藏出土，湖南省博物馆藏。

元青花人物故事玉壶春瓶（局部）

子装个酒都如此斯文风雅，这应该是只有文人才有的浪漫。李白名诗《哭宣城善酿纪叟》有"纪叟黄泉里，还应酿老春"之句，将人生与酒不离不弃的情怀抒写得淋漓酣畅。

中国素有"唐诗、宋词、元曲、明清小说"之说，形象地道出了代表各个时期文学艺术巅峰的文学类别。元曲，又称元杂剧，这种艺术形式在元代大放异彩，上至皇宫贵族，下至黎民百姓，无不钟爱。更有意味的是，元代瓷器在这个时期也成了元杂剧浓缩的"舞台"，那些百姓喜闻乐见的元杂剧，纷纷以插图的形式绘在了瓷器上。唯一遗憾的是，由于元杂剧产量高、数量多，流传过程中逐渐佚失，以致那些活跃在瓷器"舞台"上的画面到底属于哪一幕、出自哪一剧，至今难以考证。比如这件青花人物故事玉壶春瓶的画面便是如此。画面中蒙恬将军头戴高冠，身穿甲袍，正襟危坐，器宇轩昂，气度非凡。身后小兵，双手握旗，旗上书四个大字"蒙恬将军"。将军前方一士兵，右手持弓，左手指向身后由一个武士单手擒着的跪地文官。蒙恬是秦始皇时期著名将领，画面表现的，显然是蒙恬在军中审讯犯人的场景。

元青花瓷是中国制瓷技艺和异域钴料蓝彩的结合，中外文明交流融合的产物，元青花瓷行销海内外。其造型多样，适合不同民族的风俗习惯。画面生动，有吉祥富贵的花朵，祥瑞珍稀的动物，活泼可爱的瑞鸟、鱼虫，家喻户晓的历史人物故事等。质量超群，在其他国家

青花莲池鱼藻纹大盘

元（1271—1368年），高7.9厘米、口径45厘米、
底径25厘米，桃源郾市窖藏出土，湖南省博物馆藏。

青花莲池鱼藻纹大盘

元（1271—1368年），高8厘米、口径45.3厘米、
底径25厘米，桃源郾市窖藏出土，湖南省博物馆藏。

还只能生产陶器时，中国坚实、耐用、美观的青花瓷器不费吹灰之力占据着各国高端市场。奥斯曼帝国的苏丹们，更是认为来自中国的瓷器可以验毒，不论宴会、庆典都选用青花瓷。湖南的官宦富商之家，也折服于这种蓝白分明、幽菁明丽的瓷器。

元青花瓷的销售，与产品的性能和用途密不可分。其中，元青花大盘的主要市场就在海外，尤其是中东地区，迎合游牧民族的饮食习惯，他们喜欢席地围坐在用大盘或大碗盛放的食物周边用手取食。土耳其托普卡比宫藏40件元青花瓷器中，就有20件大盘，伊朗阿迪比尔寺藏32件元青花瓷中也有19件大盘。据悉，在印尼的特鲁乌兰遗址，出土了大量元青花瓷片，目前所知可修复的大盘达46件之多。然而，这种大盘在国内的窖藏、墓葬、遗址却鲜有出土。

湖南常德窖藏出土的这3件弥足珍贵的元青花大盘和玉壶春瓶，均产自地处江西省北端昌江边的瓷都景德镇。那时候，景德镇生产的元青花瓷都是经昌江，入鄱江，进鄱阳湖，溯长江而上，进洞庭湖，入沅江，再销到常德的。考虑到常德地区从古至今就是多民族文化交融地，这3件窖藏瓷器的主人很有可能是生活在常德的阿拉伯人。

饮者之尊

——元代湖南龙纹银盘、银杯真相追溯

这又是一件由一个农民意外发现的珍宝。

1996年3月，湖南省临澧县柏枝乡一村民在自家屋后的小山坡上开荒整地时，从距地表50厘米处意外挖出一只内装58件银器的硬质陶罐，遂主动送交湖南省博物馆收藏。

在这只陶罐所装的银器中，有一套龙纹银盘和银杯。制造者因器施画，使纹饰与器形密切配合，实现了造型艺术与装饰艺术的和谐统一，器物具

龙纹银盘、杯

元（1271—1368年），通高18厘米、口径9.2厘米，重257克，杯身腹外部饰模压锤击成型的双翼龙纹，头上扬至杯口；盘上也有模压锤击成形的二条龙纹。1996年临澧柏枝乡窖藏出土，湖南省博物馆藏。

金寿字单耳瓜杯

元（1271—1368 年），口径 7 厘米、足径 3.4 厘米、高 3.5 厘米，重 84.4 克，1978 年临澧新合乡龙岗村出土，常德市博物馆藏。

金玩月图纹银脚簪

元（1271—1368 年），通长 17 厘米，重 21.75 克，1992 年攸县丫江桥乡河源村老屋场组出土，攸县博物馆藏。

有鲜明的立体感和真实感。其纹饰布局，已突破了唐代流行的团花格式，应是元代银器，纹饰主题可归入"苍龙教子"类。

古时传说苍龙春分时升天，秋分时入渊，龙嘘气成云，故腾云而起。两龙一大一小，互相呼应，比喻父子。在中国传统龙纹图案中，常有一大一小两条龙，大龙回头看顾小龙，仿佛在教导小龙，称为"苍龙教子"。也有刻两条龙头鱼或龙背上有小螭龙的，均是此意。刻有苍龙教子图案的饰品，多为长辈送给晚辈，以资勉励。这类纹饰主题不仅体现了望子成龙之意，还表达了儒家思想中的长幼之分。

当时的饮器，一般人使用的是瓷盘杯，有钱有地位的人家才使用高档次的金、银、玉盘杯。明代定陵出土的万历皇帝使用的杯盘就是玉杯、金盖和金托盘。这套银盘杯应当是富有人家的器物，很可能是因规避战乱而作为财富窖藏在那里的。

湖南出土的元代窖藏金银器，其数量、品类之多和保存的完好性，居全国之首。种类包括杯、盏、盘、碟、碗、胆瓶、罐、盒、盆、瓶、匜等日常生活器皿，簪、钗、耳环、手镯、戒指、缠钏、梳背、步摇、粉盒等首饰，以及帽顶、帔坠、巾环、带鞘小刀、筷子、茶匙、印章、印盒、金币、银锭、银饼、花钱等其他杂件。其工艺继承了宋代传统技法，且大多将多种工艺融于一器之上，纹饰多以动物、花鸟、几何纹为主。窖藏发现地点基本上在湖南省境内南北方向两条交通干线附

银鎏金莲花海石榴纹高足杯

元（1271—1368年），口径7.6厘米、底径4.1
厘米、高7.3厘米，重78克，1982年益阳
八字哨乡关王村窖藏出土，益阳市博物馆
藏。

"庚辰年莘仲置"铭文银匜

元（1271—1368年），通高5.7厘米、
最大口径16.7厘米、底径11厘米，重
198.7克，1994年涟源桥头河镇石狗乡石
洞村窖藏出土，涟源市文物管理所藏。

近，西路发现地点有常德地区的石门、澧县、临澧、津市、桃源，湘西张家界，怀化地区的麻阳，正好是从荆州经澧州、常德去贵州的官道。东路发现地点有岳阳地区的华容，益阳地区的益阳羊舞岭和八字哨，娄底地区的涟源市，衡阳地区的衡南，株洲地区的株洲堂市和攸县，是从武昌经长沙过郴州去广东的官道。这两条官道所经之地，经济比较繁荣，且接近常德、澧州、辰州、沅州、郴州等金银器产地，原料充足，保证了金银打造业发展的需要。比如桂阳监，唐宋之际即为全国两大银场之一，北宋时期更繁荣，规模为全国之最，且在金银器的制作工艺方面也颇负盛名。据记载，长沙工匠制作的银茶具，北宋即享誉四方而为士大夫珍藏，以至于工价竟"等所用白金之数"；至南宋时，更有"长沙茶具精妙甲天下之说"；元代至今，湖南仍然是金银器重要产地，尤其是郴州永兴，现已被誉为"中国银都"。

湖南元代金银器还有一个特点，很多器物上刻有铭文，便于后人通过这些出土的金银器铭文，洞悉其墓主的社会地位、承造店铺或工匠姓名及彼时金银器的发展态势。

何为贵妇

——从烟色缠枝荷花罗褶裥夹裙说起

一次考古发现，带出一个时代本来早就远去的女性时尚。

1988 年 4 月，华容县城关油厂内发掘一座元代早期女性墓葬，出土墓主随身穿戴和陪葬的衣物共 60 余件，包括丝质袍、裤、裙、荷包和面料等。丝质品种有罗、绫、纱、绢；除素色外，还有提花、印金、织金、刺绣，再现了身份较为尊贵的墓主人生前的着装情况和元代纺织工艺，见证着当时贵妇的风采与时尚。

其中有菱形花卉

烟色缠枝荷花罗褶裥夹裙

元（1271—1368 年），长 87 厘米、腰围 108 厘米、腰头长 10.5 厘米，1988 年华容县原城关油厂内元墓发掘出土，湖南省博物馆藏。

黄褐色缠枝牡丹纹绫开裆裤

元（1271—1368 年），腰围 104 厘米、长 97 厘米，两外侧开中缝，褶裥，腰后开口有系带。1988 年华容县原城关油厂元墓出土，湖南省博物馆藏。

纹罗对襟夹衣，有黄褐色缠枝牡丹纹绫夹裤，还有烟色缠枝荷花罗褶裥夹裙，裙面上打满细裥。裙上施裥出现于东汉，隋唐以后，裙幅增多，折褶也越来越细密，少则数十，多则逾百，每道褶裥宽窄相等，制作时被固定于裙腰，可称为"百褶裙"。从这一整套女性服装，已经可以窥见当时富裕人家穿绸带缎的几分风采。

尤其令人赞叹的，是极具女性意味的褐色罗地绣人物松鹤鹿纹荷包。这种荷包外出时佩于腰间，用于盛放零星细物，所以也叫佩囊。元代以后称为荷包，"荷"即"负荷"之意。其上的蝴蝶和缠枝牡丹纹饰，多用来表现女性意味。目前，元代妇女绣花荷包实物极为罕见，这个荷包形制完整，纹样丰富，刺绣精美，具有特别重要的价值。

仔细观察这批已组成了贵族妇女完整衣装体系的服饰，我们仿佛看见一位时尚美人正穿过时光隧道款款走来。

元代是中国历史上民族大融合的时代，在服饰上也充分体现了这一特点。元代初期，由于民族矛盾比较尖锐，长期处于战乱状态，纺织等手工业遭受很大破坏，宫中服制长期沿用宋式，直到 1321 年元英宗时期，才参照古制，制定了天子和百官的上衣连下裳、上紧下短，并在腰间加襞积、肩背挂大珠的服饰制度，汉人称其为"一色衣"。这是承袭汉族又兼有蒙古民族特点的服制。此时，女服分贵族和平民两种样式。贵族妇女多为蒙人，以皮衣皮帽为民族装，貂鼠和羊皮制衣较为广泛，式样多为宽大的袍式，袖口窄小，袖身宽肥，由于衣长曳地，贵夫人外出行乐时，必须有女奴牵拉。这种袍式在肩部做有一云肩，即所谓"金绣云肩翠玉缨"，十分华美。作为礼服的袍，面料质地十分考究，采用大红色织金、锦、蒙茸和很长的毡类织物。当时最流行的服装色彩以红、黄、绿、褐、玫红、紫、金等为主。平民妇女多穿汉族的襦裙，半臂也颇为通行，汉装样式常在宫中舞蹈伴奏人身上出现。此外，受邻国高丽的影响，都城的贵族后妃们也有模仿高丽女装的习俗。

由于特定的时代背景，元代服饰在织造技艺上大都继承前代，但风格与品种颇有特色，以色彩华丽、纹样粗犷著称。除传统的平纹、绞经、斜纹提花和刺绣丝织物外，在元代风靡天下、最具特色的丝织品是织金锦，一种以织入的金线显花的丝绸，当时叫金缎匹，华容元墓即出土有这种丝绸制品。

褐色罗地绣人物松鹤鹿纹荷包

元（公元 1271—1368 年），长 21 厘米、宽 14 厘米，罗面绢里，三面缝合，上方开口，正反两面均以浅色丝线绣松鹤纹、鹿纹、云纹、人物纹及蝶纹、缠枝牡丹等，寓意松鹤延年、鹤鹿同春、富贵长寿。1988 年华容县原城关油厂内元墓发掘出土，湖南省博物馆藏。

红砂石棺
——折射佛、道并存的宗教信仰

中国古代受儒家思想"入土为安"的影响，火葬并不盛行。《周礼》就规定"众生必死，死必归土"，厚葬才是孝顺。然而，边疆少数民族很早就有了火葬习俗，《墨子·节丧下》中说："秦之西有仪渠之国，其亲戚死，聚薪柴而焚之，熏上，谓之登遐，然后成为孝子。"《荀子·大略》也说："氐羌之虏也，不忧其系缧也，而忧其不焚也。"

西汉哀帝元寿元年（公元前2年）佛教传入中国之后，火葬观念逐渐兴起（佛教称荼毗）。《大唐西域记·印度总述》载："送终殡葬，其仪有三：一曰火葬，积薪焚燎；二曰水葬，沉水漂散；三曰野葬，弃林饲兽。"佛教因为承袭婆罗门教思想而流行火葬。释迦牟尼佛住世时，印度以火葬为正仪，佛涅槃后，举行荼毗火葬，信徒皆效法之，而僧众更是跟进。

寺院的焚尸炉又称为化身窑，教徒流行把尸体摆成打坐姿势后火葬。《高僧传》记载了许多中外僧徒焚身之事，有的以自焚圆寂，有的死后焚化火葬。宋太祖建隆三年（962年），赵匡胤曾下诏说："近代以来，遵用夷法，率多火葬。"三月后，又下令禁止火葬："近代以来，率多火葬，甚愆典礼，自今宜禁之。"但火葬仍旧流行。朱熹在《朱子文集》卷114《跋向伯元遗戒》说："自佛法入

红砂石棺

元（1271—1368 年），长 106 厘米、宽 51.2 厘米、高 85.5 厘米，质地细腻，雕刻精美，轮廓分明，纹饰生动明快，无纷繁之感，堪称石刻中的佳作。1984 年长沙金盆岭砂场出土，湖南省博物馆藏。

中国，上自朝廷，下达闾巷，治丧礼者，一用其法。"其时，"荼毗火葬法"在宋代大为流行，如《水浒》第 25 回中武大郎和第 51 回中沧州知府的小儿子死后均在棺材内火葬。宋徽宗被俘八年后病死在五国城越里吉（今黑龙江依兰县境），据称也是依当地习俗实施火葬。

南宋时期，朝廷仍然禁止民间火葬。绍兴二十七年（1157 年），官员范同上奏说"方今火葬之惨，日益炽甚"，建议朝廷拨地令贫民葬亲。理学兴盛之后，火葬才逐渐衰落。元朝规定土著汉人一律土葬，但也无法完全根除火葬的习俗。

这件红砂石棺，就是元代土葬的实物见证。主体分棺盖、棺身和须弥底座三

红砂石棺（局部）

部分，各用整块红砂岩凿制而成。盖及棺身四周有半浮雕图案，浮雕外的其他部分平整，有凿平及打磨痕迹。棺盖满布云气纹，两只引首展翅的仙鹤，寓意仙鹤引路、引魂升天。棺身呈梯形，四周雕刻青龙、白虎、朱雀、玄武四神，以守护墓室。须弥座饰有仰莲纹、覆莲纹及菱形纹。

须弥座又名"金刚座""须弥坛"，源自印度，系安置佛、菩萨像的台座。须弥即指须弥山，在印度古代传说中，须弥山是世界的中心。用须弥山做底，以显示佛的神圣伟大，具有典型的佛教风格。而石棺浮雕的四神青龙、白虎、朱雀、玄武又称四象，是汉族人民所喜爱的吉祥物，也是古代汉族神话中的四方神灵。在汉族民俗文化中，有祛邪、避灾、祈福的意义。

春秋战国时期，由于五行学说盛行，四象被配色成为青龙、白虎、朱雀、玄武，两汉时期演化成为道教所信奉的神灵，被称为四灵。佛教传入中国后，经过900多年发展，全面、广泛、深入地与中国文化结合、互补，至宋朝年间，已与儒道融合，成为"三教合一"历史背景下的佛教，且借助文学、绘画、雕塑、建筑等艺术形式，成为民间风俗习惯、民族心理与思维、语言素材的重要有机成分。

这具元代石棺，纹饰既有佛教特色又有道教风格，可能为佛教高僧或道教真人安葬遗蜕时所用，折射出当时佛、道并存，宗教相互影响的社会剪影。

美丽潇湘

文物卷

明清篇

本书文物分布示意图
（明清篇）

龙山县　桑植县　石门县　澧县　临湘市

张家界市　慈利县　津市市　安乡县　岳阳市

永顺县　▲彭翼南墓志铭　常德市　华容县

保靖县　桃源县　沅江市　南县　岳阳县

古丈县　汉寿县　泪罗市　吉潘王大铜鼎

花垣县　沅陵县　陶澍"印心石屋"碑　湘阴县　左宗棠故里　平江县

吉首市　安化县　益阳市　谭嗣同故居

泸溪县　桃江县　望城县　长沙市

凤凰县　溆浦县　宁乡县　黄兴故居　浏阳市

辰溪县　新化县　娄底市　韶山市　湘潭市

麻阳苗族自治县　冷水江市　涟源市　湘乡市　醴陵窑釉下五彩瓷　六凤龙瓶　株洲市

正江侗族自治县　中方县　双峰县　曾国藩故居　湘潭县　株洲县　醴陵市

新晃侗族自治县　洪江市　魏源故居▲　新邵县　衡阳县　衡阳市

会同县　洞口县　隆回县　邵东县　衡阳县

靖州苗族侗族自治县　绥宁县　武冈县　邵阳县　祁东县　安仁县

通道侗族自治县　城步苗族自治县　新宁县　东安县　祁阳县　常宁县　耒阳市　永兴县　炎陵县

永州市　茶陵县

双牌县　新田县　桂阳县　嘉禾县　宣章县　资兴市　桂东县

江永县　宁远县　蓝山县　临武县　郴州市　汝城县

江华瑶族自治县　道县

吉藩王大铜镜
——折射封藩统治下的明代湖南

从吉藩王大铜镜里，我们可以清晰地看见大明朝的升平盛世，也可以读出战火纷飞中的离乱。

吉藩王大铜镜器形较大，为明代就藩长沙的吉宣王朱翊鋈在重建玉池寺时送给该寺的宝物，以求长生不老、国泰民安。

明太祖朱元璋建立的大明王朝，是中国历史上最后

吉藩王大铜镜
明万历二十年（1592年），直径59.5厘米、缘厚0.5厘米，呈圆形，环形纽，边缘窄，光素无纹，为明代铜镜罕见之物。镜背上方刻铭文10行，能辨认者76字："国王吉王敬差门副李，重建玉池仙山祖师圣像五尊，水火二将□□花瓶一对，锣鼓休物，全镜光一面，入山永远万年。界皇图巩固□□□□风调雨顺，国泰民安，万历二十年十月十□日吉旦立。"湘阴县玉池庙采集，湖南省博物馆藏。

铁灶
明吉藩王宫中旧物，湖南省博物馆藏。

一个由汉族人统治的封建王朝，也是继周、汉、唐之后的盛世王朝，史称"治隆唐宋""远迈汉唐"。

朱元璋称帝以后，鉴于宋元不建藩屏、王室孤立的教训，便参照汉晋南朝之制，大封子弟，分藩就国，企图永保朱明帝国的长治久安。湖南是明朝分封藩王的重要地区，仅开国皇帝朱元璋就有三个儿子分封湖南：潭王朱梓、岷庄王朱楩、谷王朱橞。

此后历代分封湖南的藩王共计48人，其中最为有名的是就藩长沙的英宗第七子吉简王朱见浚、就藩常德的宪宗第十三子荣庄王朱祐枢、就藩衡州的神宗第七子桂端王朱常瀛。

按明代分封制，皇子封为亲王，授以金册金宝，岁禄万石，其封地建王府、设官吏，其宫室、冠服、车旗规格仅下于皇帝一等，公侯大臣都要俯首拜调，地位极为尊贵。诸王在封地，虽无治民之责，但有统兵之权。各王府均设有护卫，其兵士少者3千，多者近2万人，且当地驻军调动，还须有亲王令旨。于是，分封到各地的藩王成了代表皇帝监控地方军权的人物，而每一个藩国则成了一个军事中心。

作为历史上有过封王建国历史的名城和湖湘军政要地，长沙从明初开始就成了朱明帝胄的藩封之地，曾先后封有藩王4人，即明太祖朱元璋之子潭王朱梓和谷王朱橞、仁宗朱高炽之子襄宪王朱瞻、英宗朱祁镇之子吉简王朱见浚。其中，只有吉简王朱见浚下传7代，故共有10王就藩长沙。在这段时期里，藩居长沙的皇子皇孙们挟天子之威仪，体尊位重，与道、府、县官共处一城，使长沙城罩上了一种神秘光圈，染上了浓重的藩王政治色彩。

长沙藩王府为洪武三年（1370年）分封长沙的潭王朱梓首建，此后藩王府不断改造，愈加宏伟。吉简王朱见浚（1456—1527年）1477年就藩长沙时，年仅20岁。就藩伊始，他便对原有王府进行大规模改建，"工役浩繁，财费巨万"，修建起一座规模宏大的吉王府。王城内建有大大小小数十个官署，宫阙台阁、亭榭池塘布满了长沙府城东北部大片地方，"城内地方半属王府"。藩府倚仗权势自行其政，甚至干预地方政务，成了长沙的城中之城、城中之国。他颇重视儒学，曾于岳麓书院刊刻《先圣图》《尚书》，以授业学生。

长沙藩王的封置，对稳定明王朝在长沙乃至湖湘地区的统治起了一定作用，但极大地加重了人民负担。至崇祯九年（1636年）第七代吉王朱慈即位时，从陕北而起的农民大起义已经席卷中原，由满族贵族建立的清政权正雄视于山海关外，朱明皇朝已处于风雨飘摇之中。崇祯十六年（1643年），张献忠率农民军挺进湖南，一举攻克长沙。吉王朱慈仓皇南窜，屹立于长沙城内的吉王府也在一场大火中化为灰烬。

原吉王府汲水用井，即今长沙鱼塘街照磨巷内的聚福井

彭翼南墓志铭
——记录湖南土兵江浙抗倭

　　三十一岁的人生，三十一岁的血性，三十一岁的如歌血色。他，一个湘西土家汉子，用一腔爱国的情怀，奏出了抵御倭寇的历史强音。这个土家族汉子就是彭翼南，永顺彭氏第 25 世土司。

彭翼南墓志铭
明隆庆二年（1568 年），永顺老司城紫金山墓地出土，永顺县文化局藏。

　　明朝中期，我国东南沿海一带倭寇猖獗，烧杀抢掠无恶不作，严重威胁人民生命财产。1552 年，海盗王直自称"徽王"，与其"大将军"徐海，勾结倭寇入侵江浙一带。当时朝廷政治腐败，兵力不足，虽多次讨伐，均无

双龙头金手镯

明（1368—1644年），直径8.6厘米，重145克，1967年永顺县老司城墓葬出土，湘西自治州博物馆藏。

金蝴蝶纹簪

明（1368—1644年），长14.7厘米，重28.2克，1967年永顺县老司城墓葬出土，湘西自治州博物馆藏。

功而返。因浙江、山东兵屡败，尚书张经奏请征调湖广土兵和广西狼兵前往援助。

1554年冬，当时正值年关，继任土司之位不久的年轻宣慰使彭翼南提前过年，自备粮草，亲率土兵三千，其祖父、退休宣慰使彭明辅统兵二千；保靖土司彭荩臣亦率兵四千，其子彭守忠选精兵三千，远涉3000余里，到达东南沿海抗倭前线。

出征前，彭翼南严格挑选精兵良将，兵以"骁勇而惯熟战阵，谋勇善著者"方能入伍，官以"能带数千人者，让其为百人之长官，能带数百人者，作十人头目"，并对土兵进行严格军事训练，教以钩镰枪之技，练熟攻守兼备的土兵阵法。

1555年正月，彭翼南率领的土兵与广西狼兵协同作战，全歼盘踞在胜墩（浙江到吴江的咽喉之地，今江苏省吴江市平望镇北部）的数百名倭寇。5月，倭寇5000余人以报仇为名大举侵犯嘉兴，总督张经指挥保靖土兵在无锡石塘湾击败倭寇，余寇逃往平望，彭翼南率土兵中途截击，迫使倭寇退缩到嘉兴北面的王江泾地区。永顺、保靖土兵靠钩刀长技、灵活队列，骁勇善战，与广西狼兵联合，四面围攻，彭翼南、彭荩臣身先士卒，斩倭寇1900余人，取得了王江泾大捷，振奋了军心、民心。正如明史所载："王江泾之战，保靖犄之，永顺角之……倭为夺气，盖东南战功第一云。"时任浙江巡抚御史胡宗宪亦盛赞彭翼南："谋勇双全，功勋大著……集难驭之苗，冒长江之险，为皇敌忾，捐躯报国，功劳卓著，良可嘉尚。"

布政使牌坊

1556 年 8 月，彭翼南再次奉命率领土兵征剿倭寇，由总督胡宗宪指挥。永顺、保靖土兵与容美等司土兵会合，包围徐海最后据点沈家庄。8 月 2 日发动进攻，至 25 日，全歼倭寇，徐海自杀，王直投降。至此东南倭乱，初告平定。

彭翼南 31 岁时病逝在土司任上，葬于永顺老司城紫金山。明吏部尚书、大学士徐阶扼腕叹息，亲写墓志铭悼念。他按勤、义、礼、和、孝、忠六德标准评价了彭翼南一生。墓碑纹饰精巧细致，字体竖行整齐排列，字迹清楚，详细记录了彭翼南东南沿海边抗倭的事迹。

自土家土兵为出兵抗倭提前过年始，土家人便将年节提前，按农历比汉人提前一天过年，月大在腊月二十九，月小在腊月二十八，称之过"赶年"，除夕夜要手持"吹火筒"在房前屋后走一圈，名叫"出征"，又名"摸营"。

彭翼南 18 岁时承袭父职，19 岁时受朝廷征调，率兵奔赴苏州、松江地区抗倭，斩杀并俘获入侵倭寇 2200 余人，令敌闻风丧胆，受到朝廷嘉奖，赐三品服、授昭毅将军等，为平息横行沿海地区的倭患、保卫祖国的统一和安定立下了载入史册的显赫功勋。后因献大楠木给朝廷修建殿宇有功，还授封彭翼南云南右布政使、赐二品服，帝王的封赐规格之高实属罕见。后人为表彰和纪念彭翼南率土兵抗倭有功，在老司城石堤西的西坝湖修建了"布政使牌坊"，上刻"永顺县等处军民宣慰彭翼南立"字样，用以激励人们精忠报国。

君山度曲图
——宗师的诗情画意

"明四家"是指中国画史上沈周、文徵明、唐寅、仇英四位明代画家。他们都在江苏苏州从事绘画活动。因苏州古为吴地,故又称沈、文、唐、仇为"吴门四家"。

沈周(1427—1509年),字启南,号石田,又号白石翁、玉田生等,长洲(今江苏苏州)人。性情敦厚、博学多才,长于文学,亦工诗画,善画山水、花卉、鸟兽、虫鱼,皆极神妙。他一生家居读书,学识渊博,吟诗作画,

沈周《君山度曲图》
明宣德二年至正德四年(1427—1509年),绢本,纵175厘米、横90.3厘米,描绘的是君山秋色,在深山幽壑之中,桐荫茂密,枫叶正红,碧水如镜,一人手持长笛坐在岩石上,面对青山楚水,悠闲吹奏。其构图浑厚淳朴,山林苍润,峰峦起伏,秋光绮丽,意境幽美。画面笔墨苍劲,着色古雅,属作者粗放一路的风格。征集,湖南省博物馆藏。

《君山度曲图》（局部）

优游林泉，追求精神上的自由，蔑视恶浊的政治现实，未应科举，始终从事书画
创作。其绘画技法博采众长，出入于宋元各家，主要继承董源、巨然以及元四家

黄公望、王蒙、吴镇等的水墨浅绛体系，又参以南宋李唐、刘松年、马远、夏圭劲健的笔墨，融会贯通，刚柔并用，形成粗笔水墨的新风格，自成一家，为吴门四大家之首。《君山度曲图》是沈周中期偏早的绘画之作。

沈周一生好交游，江南名胜大都留下了他的足迹，湖南洞庭湖畔自然也不例外。君山地处洞庭湖（岳阳市西南 15 公里）中，是一座面积不足 100 公顷的小岛，但却是洞庭湖中最大的岛屿，原名洞庭山，取意神仙"洞府之庭"。文人墨客皆热衷于来此地，或题书刻石，或著文赋诗，似乎不来君山，就不能显示出一个文人的风雅。

君山有美丽的风景，更有动人的传说。相传 4000 多年前，舜帝南巡，两个爱妃娥皇、女英随之赶来，船被大风阻于君山，她们就借宿在君山古宅里，只待风平浪静之后再赶到永州之野的九嶷山去寻找舜帝。不久，舜帝崩于苍梧。二妃听到舜帝已故的消息，悲痛欲绝，望着茫茫湖水，伏竹痛哭，泪水洒遍了山上竹林，竹竿上的那滴滴清泪从此再也没有消失，这些竹子从此被称为"斑竹"。不久，二妃忧郁成疾，死于洞庭湖，葬于山之东麓。后因屈原写有这两位妃子的名篇《湘君》和《湘夫人》，故将此山改名为君山。

君山地形独特，由七十二峰组成，峰峰灵秀，传说"洞庭山浮于水上，其下有金堂数百间，玉女居之，四时闻金石丝竹之声，彻于山顶"。其景如诗所赞，"烟波不动景沉沉，碧色全无翠色深。疑是水仙梳洗处，一螺青黛镜中心"，不知陶醉了多少文人墨客。览岳阳楼之耸立，沐洞庭湖之辉光，吞巫山云雨，隐隐云间洞府，巍巍水上天堂，八百里风光旖旎，几千年古迹昭彰，真是"蓬莱宫在水中央""丹青画出是君山"。

沈周《君山度曲图》轴，表现的就是这神秘而迷人的君山景色。画图上部有沈周自题诗："楚江照眼清于玉，独坐翛然吹紫竹。苍龙出水黄鹤来，共倚君山听度曲。沈周。"该图无论是选材，还是立意都颇具匠心，充分展示出画坛一代宗师的风范。

行草书诗卷

——独领风骚于书坛的李东阳

《行草书诗卷》是李东阳行草书代表作。

李东阳，字宾之，茶陵人，18 岁成为进士，选为庶吉士，授官编修。积功晋升任侍讲学士，充任东宫讲官。李东阳精于古文，在成化、弘治年间，以朝廷大臣地位主持诗坛，奖励后进，形成了以他为首的"茶陵诗派"，颇具声望及影响。

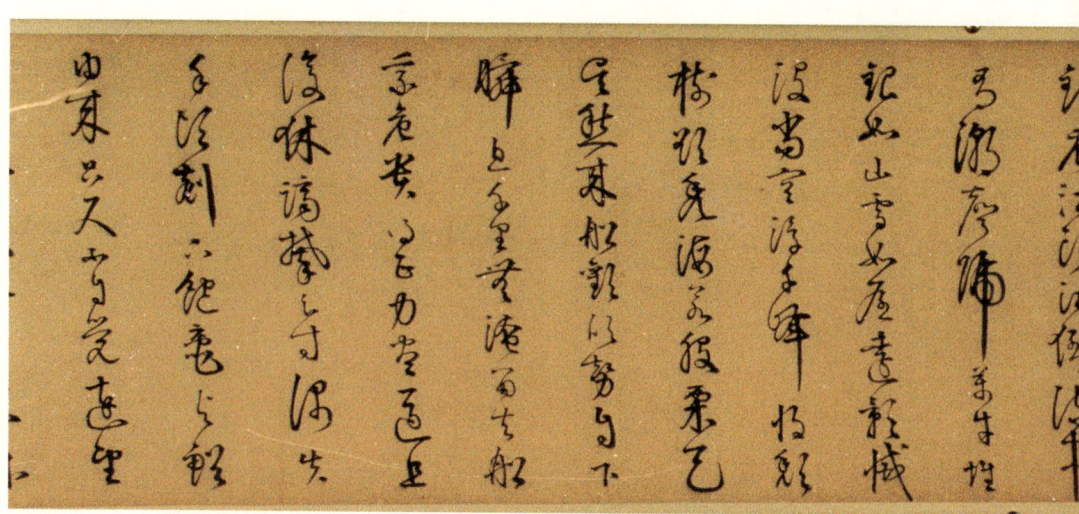

其最大的成就表现在书法上，擅长于篆、隶、楷、行、草书，尤其对自己的篆书相当自负，自言："李斯、李阳冰之后，就算小生我了。"对明代篆刻文字有一定的影响，是明初台阁体书法向明中期吴门书法过渡期间的书法家。他的行、草书融有篆隶遗意，用笔方式与明代其他草书家不同，成就最高，特别是草书，结体宽博疏朗，与圆转瘦硬、骨力雄健的用笔互相生辉，形成了自己的风格。

该诗卷作于明正德八年（1513年），作者时年67岁。所写的都是自作诗，有《钱塘江潮歌》《西湖春晓图》《清明日西庄作》《城西省墓归过赵生园池二首》《独酌二首》《一醉二首》。这些诗除《钱塘江潮歌》《西湖春晓图》已收入《怀麓堂全集》外，其余诗均未见辑集。全卷九首诗近千字，一气呵成，无一懈笔。行距绰适，体势峻峭清和，具有流动的美感。其用笔含蓄，节奏分明，运笔自如。整篇犹如高山流水，韵味无穷。就诗本身而言，其典雅流利的文体，自然得体的章法，开启了一代诗歌的新风尚。其诗书如此融为一体，更显珍贵。

当这卷《行草书诗》书写完毕时，绢面已满，李东阳又另在洒金笺纸上，道出书诗原委，并署名落款。其自跋为："文玉太史以宁波绢作长卷，请书近作。每遇晴天暖日，径造书室，令家童磨墨以侍。其赏音好事乃尔，非身有之，岂能

李东阳《行草书诗卷》

明正德八年（1513年），绢本，纵36.4厘米、横743.5厘米，征集，湖南省博物馆藏。

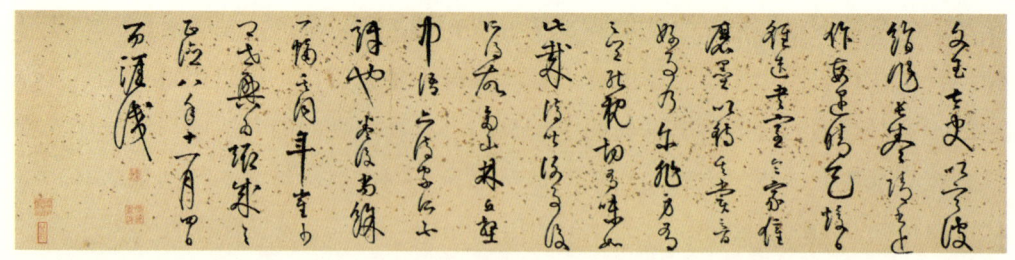

明代李东阳自书诗卷局部

亲切有味如此哉！诗皆谢事后所得，故多山林丘壑中语，亦诗家所不讶也。卷后尚余一幅，其同年崔少卿世兴为趣成之。正德八年（1513 年）十一月四日西涯识。"

跋文中的"文玉"，即董玘，浙江会稽人，明弘治十八年（1505 年）乙丑科榜眼，官至吏部左侍郎，兼翰林学士。"崔少卿"，即崔杰，字世兴，苏州吴县（今苏州市）人。明弘治十八年进士，官礼部郎中、尚宝司少卿。

该卷引首"西涯墨妙"四个浑厚苍劲的大字，是近代著名金石书画家吴昌硕所题书，接下来是明代王世贞的题诗及清代沈俊彩绘李东阳肖像。在拖尾上跋文的依次为近代吴昌硕、高时显、金蓉镜、赵时棡（又名赵叔孺）等著名金石书画家。跋文都对李东阳为官、品行做出较为公允的评价，尤其推崇他的诗文才学和精湛书艺。从跋文还可以看出，该书卷曾一度被天觉先生所收藏，这几位近代金石书画家也是由他特地请来观赏题记的。书卷上的收藏印说明，书卷几经易手，曾被姚虞琴、许王、朱屺瞻等名人收藏过。

南岳七十二峰图
——潇湘镜像的大美写实

  中国名山,五岳称最。南岳作为五岳之一,自魏晋南北朝以来,就有人纂修史志专书。南岳七十二峰,峰峰相连,连的是历史的沿革和纵横八百里的人文地理,也连着我们与混沌自然不可言说的秘密。

  《尔雅·释山》云:"东岳岱,西岳华,北岳恒,中岳嵩,江南衡。"衡山之名不仅在于其位列五岳,而更在于其自身的位置以及其气势磅礴的七十二峰,亦被称作"青天七十二芙蓉"。这七十二峰分别

萧云从《南岳七十二峰图》(局部)

明崇祯九年(1636年),纸本,纵32.4厘米、横343.8厘米,征集,衡阳市博物馆藏。

散布在湖南衡阳、衡山、衡东、长沙、湘潭诸县，方圆八百里，南以衡阳回雁峰为首，北以长沙岳麓山为足。以祝融峰为中心，分布在祝融峰前者十六峰，峰后者十三峰，峰左者十二峰，峰右者十九峰，峰东者六峰，峰北四峰，峰南一峰。

据汉代《甘石星经》，古代九州中，正南面是荆州，荆州最著名山叫衡山。东汉郑玄解释，南岳衡山之名是根据天上星宿分野而来。因为此山对应北斗第五星玉衡星，像一把秤一样，要保持两头平衡，所以称其为"衡山"。衡者秤也，言其可以称量天地；衡者平也，言其可以平衡天地，能够"铨德均物"，褒扬人间真善美，惩治人间假恶丑。

衡山一直雄峙于中国南方，连绵的山峰、磅礴的山势足以让人惊叹。其主峰祝融峰，更是拔地而起，峻伟雄奇。唐代文学家韩愈诗云："祝融万丈拔地起，欲见不见轻烟里。"

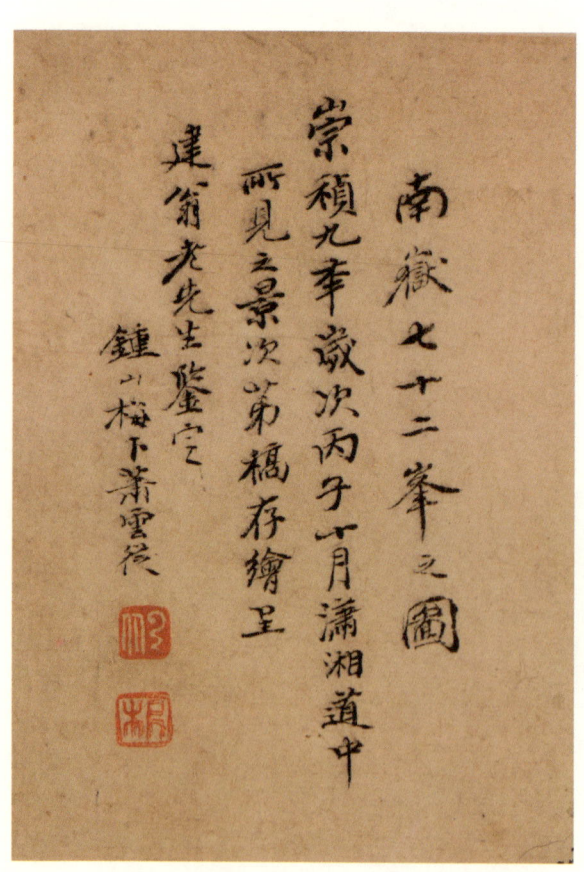

萧云从《南岳七十二峰图》（题签）

《南岳七十二峰图》山水长卷是萧云从 40 岁时所作，以南岳衡山七十二座山峰为题材，为地形图式山水画，凡七十二峰及城池、塔楼都题书标明。画面构图繁复，行笔方折枯瘦，格调疏秀苍润。"以黄公望的瘦树、山石为之纵横，润以马远泼墨之法"，融宋元诸家笔墨、丘壑于一体，岩石林木穿插有致，点景城郭自然生动，屋宇、舟车、驮马安排得体，不论水墨着色、皴擦渲染，都苍劲秀润，呈现出空间深度，使人观之不厌。图卷尾左上角为萧云从自

萧云从《南岳七十二峰图》（局部）

题"南岳七十二峰之图，崇祯九年岁次丙子十月潇湘道中所见之景，次第稿存，绘呈建翁老先生鉴定"，款识"钟山梅下萧云从"。

萧云从（1596—1673年），字尺木，号默思，又号无闷道人等，安徽芜湖人。小就"笃志绘事，寒暑不废"。善画山水，师法唐宋元明诸名家，尤得倪瓒、黄公望笔法并加以发展，自成风格，在芜湖影响甚大，形成了一个以他为首的"姑孰画派"。

1644年，明廷灭亡。1645年，清兵攻占扬州，三月占领芜湖。萧云从忧愤国破家亡，闭门读书赋诗作画，或遨游名山大川，成就日著。他的诗继承杜甫，多即事忧时之作，雄浑奔放，音韵铿锵，著有《易存》《韵通》《杜律细》等。作品诗中有画，画中有诗，配上俊逸潇洒、清朗秀健的书法，达到诗、书、画三者统一和谐的境界，被誉为"神品"。

因为画作上的影响，在当涂、芜湖一带，跟他拜师学画的人很多。自成一派的"海阳四大家"之释渐江、孙逸二位著名画家，也都向他求教过画艺，被他们尊为画派的始祖。

萧云从绘画，采用古人的画法，题古人的诗句，绘当时的自然风景，在构图特征和布置点染上颇具独特风格。清乾隆看了他的画作后曾经题诗道："几点萧萧树，疏皴淡淡山。由来以意胜，无不寓神间。秋景宜寥廓，客人自往还。粗中具工细，识语破天悭。"

王夫之《噩梦》手稿
——集大成思想家的杰作

从孤寂的"续梦庵"到"败叶庐"，几经转折，再到"湘西草堂"，他的心境比深秋零散的雨还湿润，比满天的阴霾还低沉。他用生命的意志夯筑思想的高峰，影响了历史的进程。他就是明清之际著名的思想家、哲学家王夫之。

出身于衡阳知识分子家庭的王夫之，自幼学习勤奋，7岁即开始读我国古代儒家经典著作十三经，14岁成为秀才，24岁考中举人。考中举人的王夫之秉承科举扬名、安邦治国的思想，更加发奋读书。科举及第是他人生的梦，也是他的安家之梦、强国之梦。可是，这个梦破碎了。

明崇祯十七年（1644年），以发掩面的明朝末代皇帝朱由检吊死在煤山一棵老槐树上，"冲冠一怒为红颜"的吴三桂倒戈一击，承载大明王朝的航船在历史的长河中来了个骤然急转。清兵入关，山河破碎，轰轰烈烈的抗清运动在全国如火如荼地蔓延开来。

清顺治三年（1646年）夏，为了消除内部猜忌，联合农民军一起抗清，王夫之利用自己特殊的身份只身赴湘阴，以一介书生上书司马监军章旷，奔波于调停南北督师何腾蛟和堵胤锡矛盾事宜之中，失败而归。1647年5月，清军攻陷衡州，强令汉人剃发，激起了强烈反抗，王夫之全家逃散。随后大清王朝宣告成立，王

夫之痛不欲生，写下了《悲愤诗》一百韵，以抒发
自己的心境。是年，迁居南岳双髻峰下，筑茅屋，
名"续梦庵"。

顺治五年（1648年）十月，王夫之联络管嗣裘、
夏汝弼和南岳僧人性翰，聚集近百名造纸工人、农
民及僧道，在南岳方广寺举兵抗清，遭忠于清王朝
的湘潭人尹长明偷袭。起义军奋勇抵抗，有数十人
被捕或牺牲，管嗣裘家中老小全部遇难，方广寺被焚。
管嗣裘本人和王夫之、夏汝弼因未在军中，仅以身免。

衡山举兵失败以后，清兵在地方大肆搜捕举兵
义士，王夫之投奔到肇庆追随永历政权。风雨飘摇
的小朝廷非但不全力经营抗清方略，却热衷于内部
激烈的党争，王夫之目睹这些腐败的政治现实内心
如焚，不得已回到了湖南。为了躲避清朝的"薙发
令"，他隐姓埋名，辗转流离于湘南荒山野岭之间，
有时侧身草莽，有时潜居瑶洞，这样艰苦的流亡生
活持续了大约3年。这段时间，先后写出哲学著作《周
易外传》《老子衍》及重要政治著作《黄书》。

顺治十四年（1657年）夏，39岁的王夫之回到
了家乡，从此开始了30余年的著述生涯。他"晨夕
杜门"，静心思索，埋头著述。其间，于顺治十七
年（1660年）春，举家迁居衡阳金兰乡高节里，于
茱萸塘（今曲兰镇湘西村）筑茅屋，编篱为壁，名"败
叶庐"。1675年迁居南岳衡山下的石船山"湘西草堂"
后，更以顽石自勉，自砺坚贞，笔耕不辍，世人因
之称其为"船山先生"。他出门时，手擎雨伞，脚
踏木屐，表示自己"头不顶清朝天，脚步不踏清朝地"
不屈的民族气节。

王夫之《噩梦》手稿
清康熙二十一年（1682年），
纸本，纵23.6厘米、横13厘米，
分上下两册，上册30页，下册
40页，用正楷书写，每页9行，
每行17字，字体庄严稳重，一
丝不苟。征集，湖南省博物馆藏。

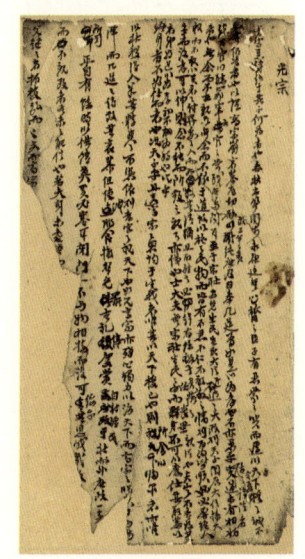

王夫之《宋论三篇》
纸本，纵26.5厘米、横13.4
厘米，湖南省博物馆藏。

　　王夫之学识渊博，一生著述甚丰，多达 100 余种，400 多卷，体系浩大，内容广博，在哲学、经学、史学和文学各方面都有自己的真知灼见，对天文、历法、数学、地理学均有研究。但手稿流传极少，湖南省博物馆珍藏了其《噩梦》和《宋论三篇》原稿，尤其《噩梦》原稿是流传下来的手稿中最完整和最长的，为我们研究王船山学术和思想提供了珍贵的第一手资料。

　　《噩梦》手稿首页为王船山自序，后有周鳌山、章士钊、程潜、梁寒操、冯友兰、谭戒甫、吕振羽等题识。完稿时王船山 64 岁。作为明朝遗臣，王船山在《噩梦》一文中总结明朝在军政、财政、官制、税制、金融、学制等方面的利弊得失，阐明他的主张，有不少独到见解，但他已深感无法实现，故在自序中说："呜呼！吾老矣，惟此心在天壤间，谁为授此者？故曰《噩梦》。"

　　《宋论三篇》书稿一册共 11 页（残稿），为王夫之代表作之一。书稿多处涂改，应为初稿。王夫之作为儒学之士，评论宋光宗一朝的历史事件和人物，抨击了不仁不义、性情暴戾、荒谬昏聩的宋光宗，肯定了仁、义、孝等儒学思想对一个贤明君王和社稷的重要性，充分展示了王夫之的学术思想。

　　王夫之的思想，尤其在历史观和政治思想方面，大都表现在他的《读通鉴论》和《宋论》两部书里。据王夫之儿子王敔在《姜斋公行述》中的说法：王夫之晚年作《读通鉴论》三十卷，《宋论》十五卷，以上下古今兴亡得失之故，制作轻重之原。诸种卷帙繁重，皆楷书手录。贫无书籍纸笔，多假之故人门生，书成因以授之；其藏于家与子孙言者，无几焉。由此可看出，著述过程是非常艰苦的。维新志士谭嗣同称赞他的学术思想"空绝千古"，认为"五百年来学者，真通天下之故者，船山一人而已"。

水晶印光芒里的陶澍

——名垂青史的干国良臣

　　狮纽"印心石屋"水晶印与双狮纽"绥疆赐祜"狮水晶印是清代嘉道年间的朝廷重臣陶澍的两方闲章。明代李时珍曾评价水晶"性坚而脆，刀刮不动，色澈如泉，清明而莹"，因此天然水晶的印章不易成型，故而十分珍贵。这两方印既是陶澍一生经历的见证，也是他的荣耀所在。

　　陶澍（1779—1839 年），字子霖，号云汀，湖南安化人，出身贫苦，勤奋好学，一生功名卓著。23 岁乡试中举，25 岁殿试中进士，28 岁授翰林编修。嘉庆二十五年（1820 年），

狮纽"印心石屋"水晶印
清道光（1821—1850 年），高 12 厘米、印面直径 8.3 厘米，征集，湖南省博物馆藏。

双狮纽"绥疆赐祜"水晶印

清道光（1821—1850年），高11厘米、印面直径8.5厘米，征集，湖南省博物馆藏。

41岁的陶澍任川东兵备道，当时的四川总督奏报陶澍"治行为四川第一，堪胜大任"。道光元年（1821年），调山西按察使，升安徽布政使。道光帝多方面了解到陶澍清正廉洁、勇于任事、才识优长，乃"不负朝廷堪委之员"，自此对陶澍信任有加。1823年升其为巡抚，1825年调任江苏巡抚。1831年，任两江总督的陶澍破清代惯例再兼两淮盐政，9月，因整理盐务和镇压仵匪有功，被道光帝奖誉为"干国良臣"。陶澍在任期间，勇于任事，开创海运漕粮、整治盐政、兴修水利、赈济灾民等，政绩斐然，为朝野所重。

　　1835年冬，55岁的陶澍因政绩卓著入京觐见。道光帝问及陶澍家世，他便提到了"印心石"和自己在"印心石屋"寒窗苦读的故事："洞庭西南，资水之滨。两岸石壁，屹立如门。潭心有石，方正若印，名曰印心石，幼随臣父结屋读书其上。"他自称为"印心石屋主人"。"印心"是一句禅语，源自禅宗六祖提出的"以心印心"，意即印证真心，明心见性。陶澍以印心石屋作斋号应是一语双关。林则徐曾有诗赠陶澍："石是印心心是印，生前星宿已罗胸。"无论如何，"印心石屋"是陶澍一生的情结。为了褒奖他的功绩，道光帝亲笔题写了"印心石屋"四字以赐。因陶澍谢恩时表示会勒石以垂不朽，道光帝特意另写了一幅擘窠大字。

　　陶澍随后便将御题的"印心石屋"刻成了水晶自用印。不止于此，1836年他回乡省亲，在印心石北崖修建了21米高共7层的文澜塔，将小幅"印心石屋"御匾临刻于塔内，并将大幅的"印心石屋"四字摹刻在陡峭的南岸山崖之上。以石为中心，塔、石、崖相对应，景色壮观，成为他的故乡小淹一景，不禁让人想起左宗棠为陶澍撰写的对联："春殿语从容，廿载家山印心石在；大江流日夜，八州子弟翘首公归。"

陶澍胸襟开阔，器识弘远，为人行事光明磊落，治国有功，清末清流派主将张佩纶称赞其为"黄河之昆仑"。他引领了近代湖南的人才辈出。幕僚中的魏源、李星沅皆成长为举国知名的经世干才。正所谓"不有陶澍之提拔，则湖南人才不能蔚起"。道光帝除了赐他"印心石屋"之外，还特赐"绥疆赐祜"四字，意为"安抚疆土，赐福于民"。对于这一无尚的荣耀，陶澍亦于1837年11月29日将此四字刻于双狮钮水晶印上，以作子孙永保。

1839年，陶澍卒于任上，赠太子太保，谥文毅。"印心石屋"石碑成了陶澍百年之后留世最多的遗迹。至今，除了他的故里，长沙岳麓山、武汉龟山、南京总统府（两江总督署遗址）、扬州大明寺、无锡惠山等地均存有"印心石屋"石碑。有的是他自己感念皇恩而刻，有的则是民众纪念他而自发刻成，这些碑刻与这两方水晶印共同记录了陶澍当年的功业与风范。

"印心石屋"（道光乙未嘉平月）拓片

湖南长沙岳麓书院"印心石屋"碑刻

小淹文澜塔与印心石

字必传千古
——何绍基行书轴

何绍基行书轴

清嘉庆四年至同治十二年（1799—1873 年），纸本，纵153 厘米、横86 厘米，征集，湖南省博物馆藏。

"子贞之学，长于五事。一曰《礼仪》精，二曰《汉书》熟，三曰《说文》精，四曰各体诗好，五曰字好。此五事者，渠意皆欲有所传于后。以余观之，字则必传千古无疑矣。"

"字传千古"，这是曾国藩对何绍基书法一个精准的洞见。

何绍基（1799—1873 年），字子贞，号东洲，晚号蝯叟，别号东洲居士，湖南道州（今道县）人，道光十六年（1836 年）进士，官至四川学政，博学多才，著述颇丰，是一位在中国书法史上取得非凡成就的一代宗师。

现藏湖南省博物馆的这幅行书轴，内容为何绍基谈书画之文稿，体势遒劲，峻拔流动，将篆隶融会于行书之中，别具风格。尤其是用笔洒脱自然，挺秀雄沉，蕴涵篆籀意趣。以其用笔老辣，履险如夷，当为何绍基行书中的精品。

何绍基早年研习颜真卿书体，对颜体研究有极深造诣，为其书体形成，打下了坚实基础。后又研习碑刻，从北碑中获益良多。他曾在《跋张黑女墓志拓本》称："余既性嗜北碑，故摹仿甚勤，而购藏亦富，化篆、分入楷，遂尔无种不妙，无妙不臻，然遒厚精古，未有可比肩《黑女》者。"

在行草方面，他宗奉颜真卿的《争座位帖》《祭侄稿》《裴将军诗》和李邕的《麓山寺碑》，以颜书为基础，融入篆书和魏碑笔法，力求取得"老辣""苍劲"的笔意，并借助回腕法制造"生"的意趣，形成自己独创一格的笔法。其特点是用笔飞动腾跃，起伏跌宕，点画方圆交错，线条粗细相间。章法上注重整体的布白，讲究字与字、行与行之间的关系，疏密错综有序，天然质朴，体现极高的艺术造诣。

何绍基在吸取前人书艺养分基础上，

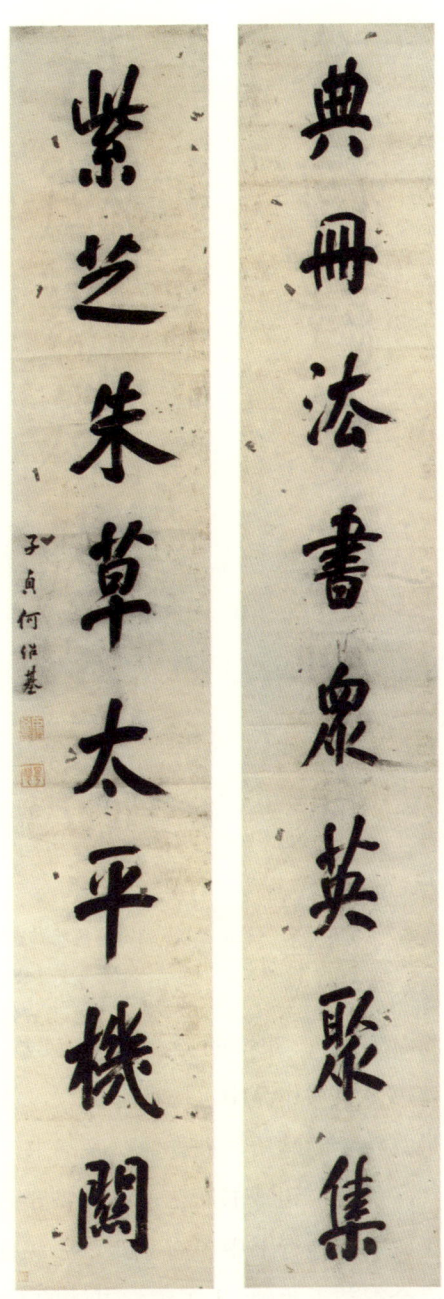

何绍基楷书八言联
纸本，纵326.2厘米、横51.2厘米，湖南省博物馆藏。

何绍基篆书七言联

纸本，纵125厘米、横31厘米，湖南省博物馆藏。

何绍基隶书立轴

纸本，纵128厘米、横63.5厘米，湖南省博物馆藏。

将行书的气、隶书的势、篆书的风姿有机地糅合。在凡能体现其风格的楷书、行书、草书及隶书作品中，均参有篆意，呈现出古拙朴茂之趣，是他碑学书法极有创意、最具特色的品质，被誉为"晚清书法第一人"。

综观何绍基书法艺术，由帖学入门，从北碑中获取养分及创作灵感，终作为于碑学。他行书中参有篆意，于纵横欹斜中见规矩、恣肆中透秀逸之气的特征，完全得益于北碑。为了碑学书法的不断创新，后期多作篆书和隶书，并最终将草书、隶书、篆书、行书融为一体，形成了他独具特色的书法风貌，在晚清书坛上光彩夺目。

魏源故居

——中国近代启蒙思想家的摇篮

魏源故居为清乾隆初年修造，前临千顷稻浪，院后缓流一湾金水，系典型的清代江南农村民居。左临象山，右对狮岭，在当地有"狮象把水口，金板铲龙门"

魏源故居

为坐西南朝东北、两正两横木结构的四合院，院前有木结构槽门，四周有夯土围墙，位于隆回司门前镇学堂湾村，1996 年公布为全国重点文物保护单位。

的风水传说。清乾隆五十九年（1794年）四月二十三日魏源生于这里。他小时"寡嬉笑、常独坐"，很得祖父钟爱，7岁在家塾读书，聪颖勤奋，达到了废寝忘食的地步。一年端午节，家人送上粽子和白糖，他却一边看书一边用粽子蘸了墨汁，吃得满嘴乌黑却全然不知。还有一次，连续几天关门读书，偶然出得门来被家狗围攻，因为埋头读书，久不露面，狗都认生，从而留下了"狗不识主"的故事。九岁参加邵阳县的童子试，县令见他年小，有意考他，就借点名之机，指着自己手中茶杯上的太极图说出"杯中含太极"的上联，小魏源灵机一动，摸摸身上带的充饥麦饼，脱口对出"腹内孕乾坤"的下联，令在场人大惊。14岁入邵阳爱莲书院学习，与同学石昌化、何上咸文名并举，时称"三神童"，20岁时为了参加贡举考试，离开了新婚妻子，从家乡来到了岳麓书院，湖湘学派"经世致用"的学风深深地影响了他。21岁到京城游学，在游学期间，结识了许多有识之士，当时的礼部尚书曾力举魏源和龚自珍，称其二人为举世无双的国之栋梁，"龚魏齐名"的美称由此传遍天下。

1820年，魏源全家迁居江苏扬州新城。1822年考取举人。1825年受聘江苏布政使贺长龄，编辑《皇朝经世文编》120卷，同时协助江苏巡抚陶澍办理漕运、水利诸事，并与好友林则徐一道主张严禁鸦片和学习西方先进的科学技术。

1832年，魏源来到南京，在地处城西清凉山下乌龙潭边史称"诗巷"的龙蟠里东侧购地建3进草堂，起名"湖子草堂"，后改名"小卷阿"。魏源后半生长年居住此处。1841年进入两江总督裕谦幕府，直接参与抗英战争，并在前线亲自审讯俘虏。因见清政府和战不定，投降派昏庸误国，愤而辞归，立志著述。1842年完成《圣武记》，叙述了清初到道光年间的军事历史及军事制度。在文中提出"今

魏源故居书屋

夫财用不足国非贫，人材不竞之谓贫；令不行于海外国非羸，令不行于境内之谓羸。故先王不患财用，而惟亟人材；不忧不逞志于四夷，而忧不逞志于四境。官不材，则国祯富；境无废令，则国柄强"的人才论观点。

魏源（1794—1857年）画像

反抗侵略，救亡图存，是近代中国民族觉醒与复兴的时代主题。魏源既坚决反抗侵略，又重视了解和学习西方科学技术，作为对付侵略的重要方法。1842年，魏源在"小卷阿"依据好友林则徐辑赠的西方史地资料《四州志》，参考历代史志、明以来《岛志》及当时夷图夷语编成《海国图志》50卷，后经修订、增补，到1852年成为百卷本。《海国图志》囊括了世界地理、历史、政制、经济、宗教、历法、文化、物产，对强国御侮、匡正时弊、振兴国脉之路作了探索。尤其是他在书中提出的"以夷攻夷""以夷款夷"和"师夷之长技以制夷"主张，是他富国强兵爱国经世思想中最积极、最重要的部分。在当时的中国虽然未能付诸实施，但对思想界的影响是旷世持久的。《海国图志》刊刻后，迅速流行海内，对其后盛极一时的洋务运动、维新运动的兴起和发展，均起到了前驱先导的作用，并对周边邻国产生了深远的积极影响。

魏源一生著述颇丰，共有著作47种，六百多卷，七百多万字。这些彪炳史册的著作，以《海国图志》《圣武记》为中心，其他著作如众星拱月环列周围，辉映出魏源改革、爱国的思想和非凡的艺术才情。他所提出的一系列经世致用的思想，推动传统的儒家经世意识迅速向近代经世思想转变，他本人成为全国经世派中最典型、最具有影响力的湘系经世派的代表，是近代中国"睁眼看世界"的思想先驱。

魏源晚年潜心学佛，法名承贯，纂辑有《净土四经》。1857年3月26日卒于杭州东园僧舍。享年63岁，葬于杭州南屏山方家峪。

曾国藩 "帅" 字旗
——湘军旗帜的文化隐喻

曾国藩 "帅" 字旗

清咸丰同治年间（1851—1874 年），长12.4米、宽7.85
米，为大红麻质布手工缝制拼接而成，相当于四层
楼的高度，近百平方米，体形巨大，为目前所仅见。
征集，湖南省博物馆藏。

这个人，是一团火焰，是一面旗帜。
这团火焰，因为他炽烈的燃烧而散发
出耀眼的光芒，撑起了大清摇摇欲坠
的局面；这个人让毛泽东敬仰，让蒋
介石钦慕，这个近代历史上具有非凡
魅力的人物就是曾国藩！

湖南省博物馆收藏的这面曾国藩
"帅" 字旗，就是曾国藩带领湘军驰
骋疆场、安邦定国的见证。

曾国藩，字伯涵，号涤生，今湖
南双峰（清代属湘乡县）人，28 岁中
进士。1849 年升职为礼部右侍郎、署
理兵部左侍郎。咸丰皇帝即位后，他
先后兼任兵部、工部、刑部、吏部侍
郎等职，仕途亨通，十年之中连升十级。

曾国藩（1818—1872 年）画像

曾国藩穿用的铠甲
湖南省博物馆藏

　　1852 年因母亲病故回湘乡老家守孝。这期间，气势正盛的太平军攻入湖南，并于 1853 年初攻占江宁（今江苏南京）且定都于此，改称天京。为了维护自身利益，应对太平军的攻击，湖南地方豪强势力编练乡勇团练的举措方兴未艾，纷纷建立自己的私人武装。

　　1853 年 1 月，曾国藩接到咸丰皇帝帮办湖南团练的谕旨后，经郭嵩焘力劝，离家前往长沙，与湖南巡抚张亮基商办团练事宜，以钦命帮办湖南团防查匪事务前礼部右侍郎的身份发布编练团防的《劝谕捐输告示》。曾国藩依靠师徒、亲戚、好友等复杂的人际关系，以湖南同乡为主，建立了一支地方团练，并整合湖南各地武装，称"湘军"。湘军在作战初期，由于缺乏临战经验，根本不是太平军的对手，属于典型的鸡蛋碰石头模式，战斗失利的羞愤曾使曾国藩在长沙靖港欲投水自尽，幸亏部下阻拦，将他救上岸。

　　曾国藩和他的湘军在战争中不断反思、积累经验，战斗力逐渐显示出来，战争与政权的局势很快朝着有利于清政府的方向发展。湘军分陆军、水师两种，营制主要采用明代著名军事家戚继光《纪效新书》和《练兵实纪》中的"束伍"成法。陆军每营五百人（营官一员、哨官四员在外），十人为队，队有什长；八队为哨，哨有哨长，统以哨官；四哨为营，辖以营官；余为亲兵，直辖于营官。各队以抬枪、刀矛、小枪等长短兵器配合作战。水师每营五百人（营官一员、哨官三十员在外），有长龙8艘，每艘24人；舢板22只，各14人。每船为一哨，设哨官；哨官之上，辖以营官。船只各有火炮，但仍配小枪刀矛，以备近战。湘军营以上设统领，统领辖数营至数十营不等。其后又在统领下增设分统，以便于指挥。湘军士兵由营官自招，并只服从营官，上下层层隶属，全军只服从曾国藩一人。

　　湘军作战，每到一地，必先筑深沟高垒，严密布防，然后再思作战。而且一般都坚守营盘，决少主动出击。甚至进攻之时也尽可能反客为主，让对方采取攻势。湘军"防守反击"战术决定了他们对扎营特别重视，有着详细而严谨的规定。如营垒未建成不得休息、吃饭。每次行军，必以精锐为前卫、后卫，并派兵巡查四周，避免中途受到伏击。

曾国藩故居

曾国藩侯府原名八本堂，位于双峰县荷叶镇。清同治三年（1864年）曾国藩封"一等毅勇侯"的次年，其家人按侯府规制修建了"毅勇侯第"，其子曾纪泽取《汉书·功臣表》上诸侯"富厚如之"意，更名"富厚堂"。2006年公布为全国重点文物保护单位。

　　曾国藩建立湘军之时，正是清政府危急存亡之际。湘军的兴起，让摇摇欲坠的清王朝统治延续了半个多世纪，也使清代兵制发生了根本变化，对晚清政局产生了重大影响。湘军建立前，清朝常备军为绿营。绿营兵为土著世业，将由铨选调补，军饷由户部拨给，兵权握于兵部，归于中央。湘军既兴，兵必自招，将必亲选，饷由帅筹，其制正与绿营相反，故兵随将转，兵为将有。曾国藩对湘军拥有极大的指挥调度权力，自成派系。当湘军在实际上取代绿营时，将帅自招的募兵制度便代替了国家体制的世兵制度。

　　湘军将领多为湖南人，一大半是文人带兵，讲究的是柔弱自威。于是，一面近百平方米的"帅"字旗成为从古至今的旗冠，我们可以想象"帅"字旗下的曾国藩以一介文人主帅湘军的凛凛威风。

　　曾国藩奉行为政以耐烦为第一要义，主张凡事要勤俭廉劳，不可为官自傲。他修身律己，以德求官，礼治为先，以忠谋政，被时人誉为中兴名臣，并升任总督，官至一品。此外，他对晚清王朝的政治、军事、文化、经济等多领域产生了深远影响。

大漠无落日
——左宗棠收复新疆期间所写家书

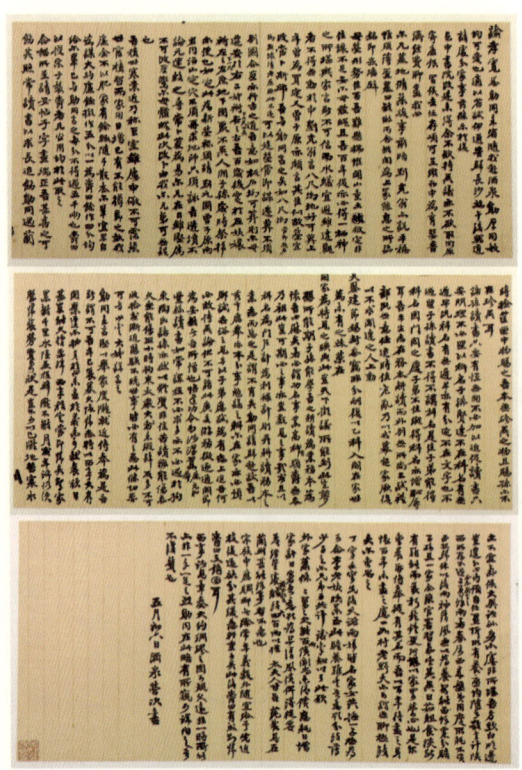

没有人能够忘记左宗棠和他的西征大军，因为是他们，用血泪捍卫了占中国版图达六分之一的新疆！他们是大漠的长城，他们是大漠明天永不落下的太阳。如果有一道外来的寒光袭来，如果有一批敌酋的烈马将自己践踏，他们愿意化作天边最好看的晚霞，永远挂在胡杨树上。这是一段每个中国人都不能忘记的历史。

左宗棠收复新疆期间写的家书

清（1875—1880年），左宗棠共给次子孝宽、三子孝勋、四子孝同写了28封家书，其中19封家书内或多或少地涉及收复新疆之事。战略之谋、安民之策、军纪之规、外交之玄、忠烈之心，无不见诸这些家书的字里行间。湖南省博物馆藏。

左宗棠生活的时代，是中华民族遭遇大变乱、大灾难的时代。清王朝经历了鸦片战争后，又受太平天国运动和陕甘回民起义冲击，病入膏肓，气息奄奄。"日之将夕，悲风骤起。"新疆各地豪强趁机而起，出现了割据纷争、各自为王的混乱局面。在此大背景下，1864年，中亚地区浩罕汗国（今乌兹别克斯坦境内）军官阿古柏趁新疆内乱带兵入侵，先后占领了喀什喀尔、叶尔羌、和田、阿克苏、库车、达坂城、吐鲁番、乌鲁木齐、玛纳斯，到1870年秋已占领新疆大部分地区。与此同时，沙俄也趁机侵占新疆伊犁。

左宗棠（1812—1885年）像

字季高，今湖南湘阴人，晚清爱国重臣、军事家、政治家，著名湘军将领、洋务派首领。

在这种内忧外患形势下，左宗棠以垂暮之年，毅然承担起收复新疆的重任。1872年7月，左宗棠奉命率师进驻兰州，准备收复新疆。为了及时筹措收复新疆的必备粮饷，以免贻误战机，左宗棠亲自向同治皇帝和摄政的西太后陈述利害关系，获得同治皇帝御批，在兰州建立"兰州制造局"，为西征军修造枪炮。为对付阿古柏军的洋枪洋炮，他从广州、浙江调来专家和熟练工人，在兰州造出大量武器，还仿造了德国的螺丝炮和后膛七响枪，改造了中国的劈山炮和广东无壳抬枪。

1875年，朝廷出兵收复新疆之议，引起"海防"与"塞防"之争。以左宗棠为代表的塞防派针对李鸿章为代表的海防派"放弃塞防"、将"停撤之饷，即匀作海防之饷"的主张认为：如果丢失新疆，则这块土地不是被西方的英国势力，就是被北方的沙俄鲸吞，中国随即失去西北边防的关卡要塞和重镇，到时中国边防的兵力不但不能削减，反而会大大增加；从全局来看，不战而丢新疆的后果，对内必将严重有损国威，丧失民心，对外必将助长列强的侵略气焰，不利于海防。在军机大臣文祥等的支持下，光绪皇帝和摄政的西太后下诏左宗棠为钦差大臣，全权节制三军，择机出塞平叛新疆。

　　雄师亲驻玉门关，不斩楼兰终不还。1876年春夏，左宗棠筹集了四千万斤粮食，集中了5000辆大车，5500匹骡马，29000峰骆驼，做好较为充分的准备之后，统率着大部分由湘军组成的七万多西征大军，拉开了驱逐侵略者、收复祖国疆土的战幕。

　　4月30日，左宗棠从兰州抵达肃州（今酒泉），在这里设置大本营，就近指挥。同月，湘军统领刘锦棠在与左宗棠"熟商进兵机宜"后，率主力部队25营（约11000人左右）前后分4批出星星峡，向哈密进发（此时金顺、张曜、额尔庆额各部均早已出关），紧接着又派蜀军徐占彪部五营出关驻扎巴里坤，以固后路。战事从1876年夏季开始，先后有80多营、近4万人投入战斗一线，到1877年年底，天山南、北两路除伊犁地区外均告克复。

　　1878年年底，清政府派大臣崇厚出使俄国谈判归还伊犁问题。沙皇政府连吓带骗，迫使昏庸的崇厚签订了屈辱的《里瓦基亚条约》，以丧失大片领土和赔款500万卢布为代价"收回"了9座空城。消息传到国内，舆论大哗。左宗棠也极为愤慨，痛斥崇厚的卖国行径，大声疾呼："腴地不可捐以资寇粮，要地不可弃

左宗棠故居

以长敌势。"他认为应该乘胜利之余威，以武力收复伊犁。清政府接受左宗棠的主张，于1880年初，正式拒绝承认条约，沙俄政府气急败坏，对中国实行武力恫吓。面对威胁，左宗棠于4月开始部署军队，准备以刘锦棠步骑万人出乌什，张曜所部7000人从阿克苏分两路直取伊犁，金顺所部万余人扼守晶河，以防俄军东犯乌鲁木齐，他表示："衰年报国，心力交瘁，亦复何暇顾及。"这时，清政府一面派曾纪泽赴俄改订条约，一面再次任命左宗棠为钦差大臣，赴新

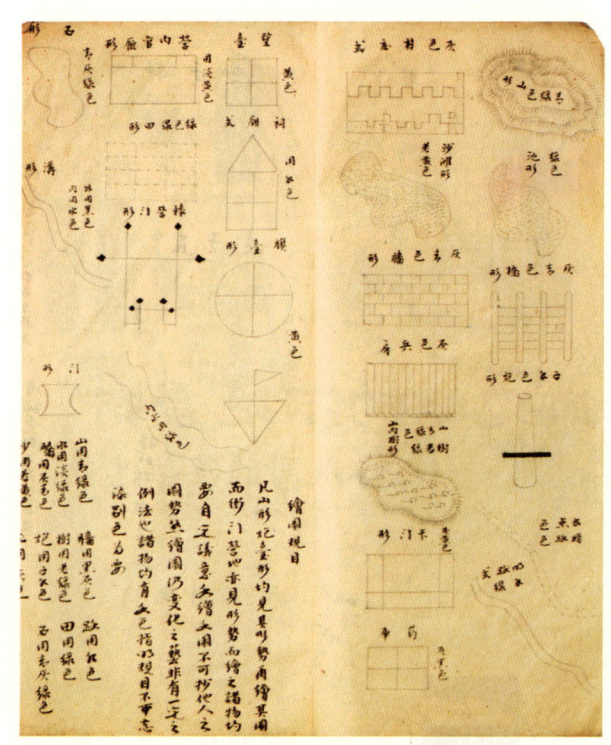

左宗棠手绘关于子弹构造图和英国炮的用法图
湖南省博物馆藏。

疆统筹军务。5月26日，左宗棠以69岁高龄抱病率领亲军1000多人离开肃州，命人抬着自己的棺木，冒着盛夏的酷暑，出嘉峪关向哈密进发，抱着视死如归的决心，誓与沙俄决一死战，收复伊犁。左宗棠的积极备战，为曾纪泽在俄国的谈判提供了有力后盾，终于迫使沙俄与曾纪泽重订条约，归还伊犁，把业已吞下的一部分中国领土又吐了出来。至此，新疆全部收复。

1885年9月5日，左宗棠在福州抗法前线因病逝世。9月27日，朝廷诏谕：追赠左宗棠太傅、照大学士例赐恤，谥号文襄，除入祀京师昭忠祠、贤良祠外，并于湖南原籍及立功省份建立专祠。

湘阴左相国祠位于县城文星镇，1892年建成，系砖木石结构，由三组硬山式建筑组成，屋宇间用边廊连接，形成整体，加上边厢，占地1500余平方米。2013年列入全国重点文物保护单位。

崩霆琴的不绝音符

——谭嗣同的英雄悲歌

　　"崩霆"琴的名字，掷地有声，就如同它铁骨铮铮的主人谭嗣同一样，必将在中国历史的天空里千古回响。

　　据史料记载，谭嗣同16岁那年（1881年）盛夏，谭家宅院两棵高约六丈的梧桐树被雷霆劈倒一棵。1890年，谭嗣同以梧桐残干，制成两张古琴，命名为"崩霆"与"残雷"。前者现收藏于湖南省博物馆，后者收藏于北京故宫博物院。

　　"崩霆"琴琴底龙池上方有"崩霆"琴名和"雷经其始，我竟其工，是皆有益于琴而无益于桐，谭嗣同作"题款。龙池内有腹款"浏阳谭嗣同复生甫监制，霹雳琴第一，光绪十六年庚寅仲秋"。经与

谭嗣同"崩霆"琴

清光绪十六年（1890年），通长117.5厘米，琴面为梧桐木，琴底为梓木，岳山、承露为红木所制。征集，湖南省博物馆藏。

谭嗣同（1865—1898 年）像
字复生，号壮飞，今湖南浏阳人。

位于浏阳市北正路的谭嗣同故居"大夫第"
始建于明代末年，1996 年公布为全国重点文物保护单位。

谭嗣同亲笔家书手迹比较，琴名和题款确为谭嗣同亲笔，这给予了它不同于一般清琴的价值，弥足珍贵！

谭嗣同是中国近代维新运动中的激进人物，著名资产阶级启蒙思想家。中日甲午战争之后，随着民族危机的加深和资产阶级维新改良运动的不断发展，湖南一改以往闭塞、守旧面目，成为"全国最富朝气的一省"，涌现出谭嗣同、唐才常为代表的一大批维新运动激进思想家、宣传家和活动家。全国维新运动的主将、舆论界巨擘梁启超等也来到湖南兴学堂、开学会、办报刊，开各省维新风气之先。

1898 年 3 月，谭嗣同与唐才常等人创建维新团体南学会以联合南方各省维新力量，讲求爱国之理和救亡之法为宗旨。为加强变法理论宣传，谭嗣同创办《湘报》作为南学会的机关报刊，并自任主笔，以"新政人才"而闻名。光绪《明定国是诏》后不久，即有人向光绪帝推荐谭嗣同。8 月，谭嗣同被光绪帝召见入京。8 月 27日（农历七月十一日），谭嗣同在给夫人李闰的家书中激情写道："朝廷毅然变法，国事大有可为。"9 月 5 日，光绪下诏授给谭嗣同和林旭、刘光第、杨锐四品卿衔，参预新政。次日，光绪再次召见他，表示自己是愿意变法的，只是太后和守旧大臣阻挠而无可奈何，并说："汝等所欲变者，俱可随意奏来，我必依从。即我有过失，汝等当面责我，我必速改。"光绪帝变法的决心和对维新派的信赖使谭嗣

谭嗣同家书
1898 年农历七月十一日谭嗣同于北京致夫人李闰的家书，
湖南省博物馆藏。

同非常感动，觉得实现自己抱负的机会已经在握。他参政时，维新派与顽固派的斗争已剑拔弩张。慈禧太后等人早有密谋，要在 10 月底光绪帝去天津阅兵时发动兵变，废黜光绪，一举扑灭新政。9 月 18 日，谭嗣同夜访袁世凯，要袁带兵入京，除掉顽固派，袁世凯假惺惺地应承表示先回天津除掉荣禄。后于 20 日晚赶回天津，向荣禄告密，荣禄密报西太后。

21 日，西太后发动政变，囚禁光绪，并连发谕旨捉拿维新派。谭嗣同在获悉慈禧政变消息后，置自己安危于不顾，多方活动，筹谋营救光绪帝，但营救计划均告落空。在这种情况下，谭嗣同决心以死相殉变法事业，用自己的牺牲去向封建顽固势力作最后一次反抗。谭嗣同把自己的书信、文稿交给梁启超，要他东渡日本避难，并慷慨地说："不有行者，无以图将来，不有死者，无以召后起。"在日本使馆派人与他联系，表示可以为他提供"保护"之时，谭嗣同毅然回绝，并对来人说："各国变法无不从流血而成，今日中国未闻有因变法而流血者，此国之所以不昌也。有之，请自嗣同始。"24 日，谭嗣同在浏阳会馆被捕。在狱中写下七绝诗一首："望门投止思张俭，忍死须臾待杜根。我自横刀向天笑，去留肝胆两昆仑。"9 月 28 日，他与其他 5 位志士英勇就义于北京宣武门外菜市口。他们用自己殷红的热血，点燃了晚清思想的朽叶，照亮了奋起的每一步艰难。

1899 年，谭嗣同遗骸被运回原籍，葬在湖南浏阳城外石山下。墓前华表上挽联写道："亘古不磨，片石苍茫立天地；一峦挺秀，群山奔赴若波涛。"

英雄无命哭刘郎
——黄兴悼亡诗的"共和"情结

"英雄无命哭刘郎，惨澹中原侠骨香。我未吞
胡恢汉业，君先悬首看吴荒。啾啾赤子天何意？猎猎
黄旗日有光。眼底人才思国士，万方多难立苍茫！"
这是 1907 年 2 月下旬黄兴哀悼刘道一的悼亡诗，白
宣纸直行书写，为目前所见黄兴字幅手迹中纸幅最大
的，题写于中国同盟会日本东京总部，是一个民族英
雄对另一个民族英雄的悲天恸哭。

刘道一的胞兄刘揆一看到黄兴所书挽诗后，即向
黄兴索取并用浅黄绫装裱予以保存。此后十数年间，
刘揆一相继邀请梁启超、章士钊、陈嘉言、郑沅、易
顺豫、张一麟、唐乾一、罗惇曧等志士友人在精心装
裱的挽诗周围浅黄绫上题跋，使黄兴挽诗的内涵愈加

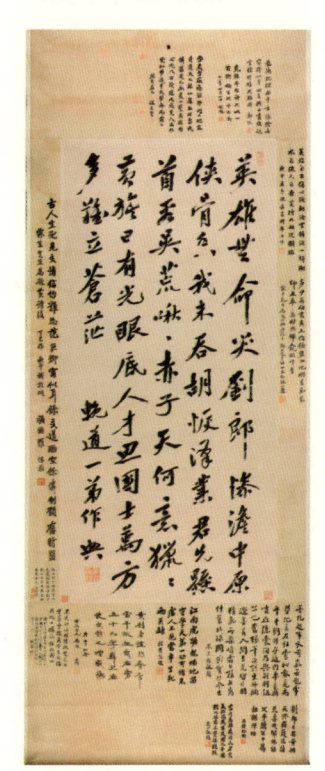

黄兴挽刘道一诗轴
清光绪三十三年（1907 年），通高 136 厘米、宽 60 厘米，征集，湖
南省博物馆藏。

黄兴（1874—1916年）像

丰满。

黄兴，近代著名资产阶级民主革命家、政治家、军事家，原名轸，号厪午（一作庆午），又字克强，今湖南省长沙县人。

1903年11月，黄兴与刘揆一、陈天华、章士钊等在长沙创建民主革命团体华兴会，任会长，擂响了"内地革命的先声"。1904年，刘道一考取留学日本公费生，并在刘揆一影响下加入华兴会，受命与劝说哥老会首领马福益共同起义反清。原定在11月16日慈禧太后寿辰时起事，因计划被泄露，起义流产。哥老会首领马福益逃往广西，黄兴、刘揆一等流亡日本，刘道一入日本东京清华学校学习。

1905年7月，刘道一在东京参加由孙中山和黄兴等人召集的中国同盟会筹备会。8月，加入中国同盟会，担任书记、干事等职，是同盟会的创始人之一。刘道一善于交际，长于辞令，通英语、日语，被黄兴和党内众人称之为"将来外交绝好人才"。

1906年，刘道一、蔡绍南奉同盟会之令"运动新军，重振会党"，从日本回到湖南。刘道一坐镇长沙，筹划全局，他约集会党首领龚春台、刘重等人在长沙水陆洲船上聚会，转达黄兴意见，并提出五点具体计划，准备发动马益福在萍乡的余部"发难于济醴，而直扑长沙"，使湖北、江西、江苏等省响应。

刘道一因在长沙、衡山等地运动新军，筹集枪饷，引起清吏注意，在由衡山返长沙途中被清军逮捕，清吏疑他是刘揆一，立即将他解送臬司督同长沙府审讯。他就自认是刘揆一，在狱中与友人的书信写道："彼若刑讯，吾则自承为刘揆一，以死代兄，吾志决矣。"他在监狱的墙上题诗："天地方兴三字狱，但期吾道不终孤。舍身此日吾何惜，救世中天志已虚⋯⋯"以示心志。清吏后来发觉他不是刘揆一，便刑讯逼供。他在供词中大书清政之残暴、中国之危亡及世界政治要略数千字，使审讯官瞠目结舌。

1906 年 12 月 31 日，刘道一被杀害于长沙浏阳门外，年仅 22 岁。他是第一个为资产阶级民主革命捐躯的同盟会会员，始葬于湘潭县花箐乡，遗著有《衡山正气集》。刘道一的夫人曹庄当时正在长沙周氏家塾读书，闻丈夫的死讯，自杀以殉，被人救了下来，两年后一直沉浸在悲哀中的她在湘潭自己的家中自缢。"中华民国"成立后被追认为烈士，"优给刘道一恤金一千元"，将他们夫妇的遗骸合葬于湖南长沙岳麓山上。

萍浏醴起义是同盟会成立后旨在推翻帝制、实现资产阶级民主共和理想的第一次大规模武装起义。起义失败后，黄兴毫不气馁，为践行自己的民主共和理想，相继策划、领导了一系列具有重大影响的反清武装起义。"十次革命"，"无役不从"。尤其是在 1911 年 4 月 27 日领导的广州"黄花岗"起义中，他身先士卒，亲率敢死队攻打两广总督衙门，与起义壮士一道谱写了一曲惊动天地、催人泪下

黄兴故居
位于今长沙县黄兴镇凉塘，始建于清同治元年（1862 年），是典型的江南四合院建筑，1988 年公布为全国重点文物保护单位。

长沙岳麓山黄兴墓

黄兴寿山石闲章

长 8.3 厘米、宽 3.1 厘米、高 18.3
厘米，印文"安得倚天剑，跨海
斩长鲸"，湖南省博物馆藏。

黄兴寿山石字号章

长 8.3 厘米、宽 8.6 厘米、高 17.8
厘米，印文"克强"，湖南省博
物馆藏。

黄兴寿山石姓名章

长 8.3 厘米、宽 8.6 厘米、高 17.8
厘米，印文"黄兴之印"，湖南
省博物馆藏。

的悲壮之歌。武昌起义爆发后，黄兴及时赶赴武昌，受任战时总司令之职，领导
汉口保卫战。1912 年在南京就任中华民国临时政府陆军总长。1913 年"二次革命"
时任江苏讨袁军总司令。

1916 年 10 月，为践行民主共和理想而奔波的黄兴，英年病逝于上海，年仅
42 岁。为了隆重悼念这位"无公则无民国，有史必有斯人"的重要人物，1917
年 4 月 15 日，段祺瑞政府国葬黄兴于湖南长沙岳麓山上。

醴陵窑釉下五彩花卉凤尾瓶
——东方陶瓷艺术的高峰

醴是甜酒的意思，因城的北面有姜岭（陵），陵下有口清澈的水井，涌泉甘冽甜润，有浓郁的酒香，所以称为醴陵。醴陵因盛产陶瓷和烟花鞭炮，而享有"瓷城"和"花炮之乡"的美名。

醴陵窑最初只烧造民间粗瓷，并不著名，至清末民初熊希龄创立湖南瓷业学堂和瓷业公司，创烧出釉下五彩瓷，开始书写辉煌的篇章。醴陵之所以能成为中国三大瓷都之一，皆缘于此。

醴陵窑釉下五彩花卉凤尾瓶

清宣统三年（1911年），口径27.5厘米、高55.8厘米，1956年征集，湖南省博物馆藏。

湖南瓷业学堂师生合影（1907年）

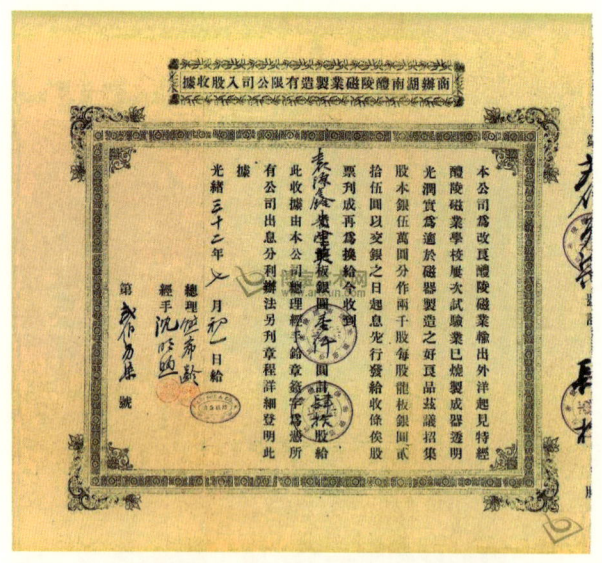

湖南瓷业公司入股收据

　　这件釉下五彩花卉凤尾瓶代表了清代醴陵窑瓷器的最高水平。瓷瓶不仅使用了先进的釉下五彩工艺，也结合了清代传统的釉上彩技法，瓶身彩绘的各类四季花卉，呈色完美，姹紫嫣红，争奇斗艳，令人赏心悦目。瓶身上方褐书"浭阳尚书钧鉴　属吏晏光枢监制"，瓶底青花书"大清宣统三年湖南瓷业公司"双圈款。"浭阳尚书"指清朝大臣端方，受洋务运动影响，他提倡新式教育和兴办实业，在任湖南巡抚时，拨款在醴陵创立了湖南瓷业学堂，这件瓷器即是醴陵窑为他精心烧制的。

　　1905年，熊希龄随团赴日考察宪政，回国后调查了醴陵瓷业，上书湖南巡抚端方请求在醴陵创办瓷业学堂和瓷业公司，改良醴陵瓷业。随即获得端方支持，拨库银一万八千两为经费，于1905年10月在醴陵城北姜湾创立湖南瓷业学堂。学堂从日本引进制瓷机械，还聘请6名日本技师，其中安田乙吉任总教习，贡献最大。他毕业于东京高等工业学校（现东京工业大学），熟悉西方机械制瓷的方法，在醴陵冷水坑找到上好瓷土，又在瓦子山发现釉药原料用于试验。通过师生艰苦努

醴陵窑釉下五彩花卉凤尾瓶铭文　　　　　　　　　　醴陵窑釉下五彩花卉凤尾瓶（底款）

力，终于成功制造出玛瑙红、海碧、草绿、艳黑、赭色5种高温釉下颜料，这5种颜料又能通过调配制造出十几种不同的颜色，采用"三烧制"工艺，创烧出前所未有的釉下五彩瓷器，开创了我国瓷器装饰史上的新纪元。

　　学堂创立后，熊希龄又于1906年9月开办"湖南瓷业公司"，并向社会招股募集资金，"湖南瓷业公司"职工即为瓷业学堂毕业的学生。自此，湖南瓷业公司开始大规模生产细瓷。这些釉下五彩瓷晶莹润泽，色彩缤纷，花鸟、山水、人物，无不清雅瑰丽，栩栩如生，大受市场欢迎。至1913年，瓷业公司在长沙、常德、湘潭、衡阳等地设立承销处，公司年营业额达200万元，公司职工达2000多人。1909—1915年，醴陵釉下五彩瓷先后参加武汉劝业奖进会、南洋劝业会（南京）、意大利都朗博览会和巴拿马太平洋万国博览会，分别获得一等金牌、一等奏奖、最优奖和金奖，被国外誉为"东方陶瓷艺术的高峰"。醴陵瓷从此名声大振，据1911年4月6日《时报》载："醴陵彩瓷，风潮所布，举国若狂，各埠商贩之来此贩运者络绎不绝，名声远在景瓷之上。"

　　所惜国运不济，战乱频仍，1918年，北洋军阀在瓷业公司和学堂内驻军，厂内机器设备遭到破坏，瓷业生产瘫痪。后稍恢复，但产品质量已大不如前。1924年，瓷业学堂与瓷业公司合并为"湖南模范窑业工场"，经营并未有起色。1930年，釉下五彩瓷基本停止生产。

釉下五彩镂空葡萄纹瓷瓶

清宣统（1909—1911 年），口径 11 厘米、高 41.5 厘米，1956 年征集，湖南省博物馆藏。

釉下五彩山水瓷瓶

清宣统（1909—1911 年），口径 3.5 厘米、底径 9.5 厘米、高 33.5 厘米，1956 年征集，湖南省博物馆藏。

　　新中国成立后，醴陵釉下五彩工艺被恢复和创新。醴陵瓷也因成为国家领导人用瓷、国家宴会瓷和礼品瓷而赢得"国瓷"的美誉。醴陵釉下五彩瓷突破了我国数千年以来传统釉下彩工艺，给我国陶瓷发展注入了新鲜血液，是我国陶瓷发展史上的一座里程碑。

图书在版编目（CIP）数据

美丽潇湘. 文物卷 ／ 周湘主编. —长沙：湖南人民出版社，2014. 11

ISBN 978-7-5561-0642-4

Ⅰ. ①美… Ⅱ. ①周… Ⅲ. ①湖南省－概况 ②文物－介绍－湖南省
Ⅳ. ①K926.4②K872.64

中国版本图书馆CIP数据核字（2014）第277451号

美丽潇湘·文物卷

编 著 者	周　湘
责任编辑	肖贵飞　杨丁丁　文志雄
编辑部电话	0731-82683328　82683306
装帧设计	黎　珊　杨丁丁

出版发行	湖南人民出版社 ［http://www.hnppp.com］
地　　址	长沙市营盘东路3号
邮　　编	410005

印　　刷	湖南天闻新华印务有限公司
版　　次	2014年12月第1版
	2014年12月第1次印刷
开　　本	710×1000　1/16
印　　张	16
字　　数	250千字
书　　号	ISBN 978-7-5561-0642-4
定　　价	48.00元

营销电话：0731-82683348 　　（如发现印装质量问题请与出版社调换）